电力信息化与决策支持

主编 潘华 郑瑛
副主编 张科伟 王乐鹏 刘畅

清华大学出版社
北京

内 容 简 介

本教材基于上海电力大学重点核心课程"电力信息化与决策支持"课程近10年不断更新的讲义进行编写,系统介绍电力信息化与决策支持,内容包括电力信息化、决策支持技术、电力行业发展、电力营销管理信息系统、电网大数据舆情分析、电力行业股票量化分析等。本书编写内容与时俱进,既有理论讲解,又有企业实际案例分析,结合数据挖掘和大数据分析技术,便于读者理解和掌握。

本书可以作为高等院校能源动力类、电气类、电子信息类、信息管理类、工商管理类等相关专业的教学用书,也可以作为从事电力企业信息化工作的相关人员的主要参考用书。

版权所有,侵权必究。举报: 010-62782989, beiqinquan@tup.tsinghua.edu.cn。

图书在版编目(CIP)数据

电力信息化与决策支持/潘华,郑瑛主编. —北京:清华大学出版社,2020.12(2024.1重印)
ISBN 978-7-302-56760-8

Ⅰ. ①电… Ⅱ. ①潘… ②郑… Ⅲ. ①电力工业—工业企业管理—企业信息化—教材 ②电力工业—工业企业—决策支持系统—教材 Ⅳ. ①F407.616.14

中国版本图书馆 CIP 数据核字(2020)第 211862 号

责任编辑:王 欣
封面设计:常雪影
责任校对:刘玉霞
责任印制:宋 林

出版发行:清华大学出版社
网　　址:https://www.tup.com.cn,https://www.wqxuetang.com
地　　址:北京清华大学学研大厦 A 座　　　　邮　编:100084
社 总 机:010-83470000　　　　　　　　　　邮　购:010-62786544
投稿与读者服务:010-62776969,c-service@tup.tsinghua.edu.cn
质量反馈:010-62772015,zhiliang@tup.tsinghua.edu.cn
印 装 者:天津鑫丰华印务有限公司
经　　销:全国新华书店
开　　本:185mm×260mm　　印　张:11.25　　字　数:271千字
版　　次:2020年12月第1版　　　　　　　印　次:2024年1月第2次印刷
定　　价:45.00元

产品编号:086734-01

编委会名单

主　编：潘　华　郑　瑛
副主编：张科伟　王乐鹏　刘　畅
委　员：叶静娴　肖雨涵　郑　芳　沈　英

前言
PREFACE

电力是关系国计民生的基础产业,也是关系千家万户的公用事业。经过多年发展,现代电力生产和经营管理都已具备高度网络化、系统化、自动化的特征,以网络、数据库及计算机自动控制技术为代表的信息处理技术已经渗透到电力生产、经营管理的各个方面。由于行业的特殊性,电力企业对信息系统提出了高安全性、高可靠性、高稳定性的要求,并在电力体制改革后加快了信息化进程。

为全面贯彻落实党中央国务院继续把改革开放推向前进的决策部署,推进新时代国家电网公司改革"再出发",加快建设具有全球竞争力的世界一流能源互联网企业,2019 年国家电网公司印发了 2019 年公司 1 号文件《国家电网有限公司关于新时代改革"再出发"加快建设世界一流能源互联网企业的意见》(以下简称《意见》),《意见》提出推动电网与互联网深度融合,着力构建能源互联网;培育壮大发展新动能,创新能源互联网业态等八项重点工作。2019 年国家电网有限公司"两会"做出全面推进"三型两网"建设、加快打造具有全球竞争力的世界一流能源互联网企业的战略部署,是网络强国战略在国网公司的具体实践,是落实中央部署、发挥央企带头作用的重要举措,是适应内外部形势和挑战的必然要求。

本书是上海电力大学高水平应用型大学建设中"人才培养"模块重点建设内容之一,由校企联合编写。其中,参与本书编写的企业方作者有国网浙江省电力有限公司金华供电公司郑瑛、刘畅、叶静娴,国网上海市电力公司肖雨涵、郑芳、沈英。内容介绍了电力信息化的发展现状,包括电力调度中心信息化、发电企业信息化、变电站信息化、输配电生产管理信息化,对电力行业信息化的发展进程和应用作了详细的介绍;同时介绍了电力行业发展概况,包括智能电网、能源互联网、泛在电力物联网;另外,还具体介绍了电力营销管理系统,对其架构、功能作了详细阐述。

决策支持技术方面,本书采用近些年发展迅速的 Python 语言,讲述 Python 的基本语法,并结合电力行业,采用 Python 语言,设计电网大数据舆情分析和电力行业股票分析两个案例,并提供代码,供读者参考。

本书内容全面,实例丰富,讲解通俗易懂。读者通过本书可以学习电力企业信息化及决策支持技术基本理论,掌握电力信息化及决策支持应用的实践方法、系统应用。本书可作为本科生、研究生的教材和参考书,也可以作为各级管理人员、工程技术人员及高层决策人员的培训教材和自学参考书。

本书由潘华、郑瑛担任主编并进行了最终统稿。其中,潘华、郑瑛共同编写第 1 章,刘畅、叶静娴、肖雨涵编写第 3 章,张科伟、沈英、郑芳编写第 2 章、第 5 章、第 6 章,王乐鹏编写第 4 章。

由于时间仓促,作者水平有限,书中的内容难免有欠妥之处,敬请读者批评与指教。

编　者

2020 年 10 月

目录

第 1 章 电力信息化概述 …… 1

1.1 我国电力信息化发展建设概况 …… 1
- 1.1.1 我国电力信息化发展历程 …… 1
- 1.1.2 我国电力企业信息化建设现状 …… 4
- 1.1.3 我国电力信息化建设存在的问题 …… 6
- 1.1.4 电力信息化发展的趋势 …… 9

1.2 电力调度中心信息化 …… 10
- 1.2.1 我国电力调度中心信息化发展情况 …… 10
- 1.2.2 电力调度中心信息化内涵 …… 10
- 1.2.3 电力调度中心信息化总体框架 …… 12

1.3 发电企业信息化 …… 16
- 1.3.1 我国发电企业信息化发展情况 …… 16
- 1.3.2 发电企业信息化的内涵 …… 16
- 1.3.3 发电企业信息化架构 …… 18

1.4 变电站信息化 …… 24
- 1.4.1 我国变电站信息化发展情况 …… 24
- 1.4.2 变电站信息化总体框架 …… 25
- 1.4.3 变电站综合自动化 …… 28

1.5 输配电生产管理信息化 …… 30
- 1.5.1 输配电生产管理信息化系统总体框架 …… 31
- 1.5.2 输变电管理信息化 …… 32
- 1.5.3 配电管理信息化 …… 40

习题 …… 43

第 2 章 决策支持技术简介 …… 44

2.1 决策支持分析工具简介 …… 44
- 2.1.1 WEKA …… 44
- 2.1.2 RapidMiner …… 45
- 2.1.3 R 语言 …… 45
- 2.1.4 Python …… 45

2.2 Python 简介 ………………………………………………………………………… 46
　2.2.1 Python 开发环境 ……………………………………………………………… 47
　2.2.2 Anaconda …………………………………………………………………… 47
　2.2.3 Jupyter ……………………………………………………………………… 48
2.3 Python 编程基础 ……………………………………………………………………… 49
　2.3.1 语法基础 ……………………………………………………………………… 49
　2.3.2 常用数据类型 ………………………………………………………………… 50
　2.3.3 字符串操作 …………………………………………………………………… 52
　2.3.4 运算符 ………………………………………………………………………… 56
　2.3.5 控制结构 ……………………………………………………………………… 59
　2.3.6 程序包的安装与使用 ………………………………………………………… 63
2.4 Python 数据结构 ……………………………………………………………………… 64
　2.4.1 列表 …………………………………………………………………………… 64
　2.4.2 元组 …………………………………………………………………………… 65
　2.4.3 字典 …………………………………………………………………………… 65
　2.4.4 集合 …………………………………………………………………………… 66
2.5 Python 决策分析工具 ………………………………………………………………… 67
　2.5.1 NumPy ………………………………………………………………………… 67
　2.5.2 Pandas ………………………………………………………………………… 68
　2.5.3 Matplotlib …………………………………………………………………… 69
习题 ………………………………………………………………………………………… 70

第 3 章　电力行业发展概况 ………………………………………………………………… 71

3.1 智能电网 ……………………………………………………………………………… 71
　3.1.1 智能电网的基本概念 ………………………………………………………… 71
　3.1.2 智能电网基本特征 …………………………………………………………… 73
　3.1.3 我国智能电网发展情况 ……………………………………………………… 75
　3.1.4 我国智能电网建设情况 ……………………………………………………… 78
3.2 能源互联网 …………………………………………………………………………… 81
　3.2.1 能源互联网的基本概念 ……………………………………………………… 82
　3.2.2 能源互联网基本特征 ………………………………………………………… 83
　3.2.3 我国能源互联网发展情况 …………………………………………………… 84
　3.2.4 我国能源互联网建设情况 …………………………………………………… 88
3.3 电力物联网 …………………………………………………………………………… 91
　3.3.1 基本概念 ……………………………………………………………………… 91
　3.3.2 电力物联网基本特征 ………………………………………………………… 93
　3.3.3 我国电力物联网发展情况 …………………………………………………… 94
　3.3.4 我国电力物联网建设情况 …………………………………………………… 95
习题 ………………………………………………………………………………………… 100

第4章　电力营销管理信息系统 ·· 101

4.1 电力营销管理信息系统概述 ··· 101
4.1.1 电力营销管理理念与设计思想 ··· 101
4.1.2 电力营销管理系统的架构 ··· 104

4.2 客户服务子系统的核心业务 ··· 107
4.2.1 95598客户服务模块 ·· 107
4.2.2 客户缴费模块 ··· 110
4.2.3 客户电能信息采集与监控模块 ·· 111

4.3 营销业务系统的核心业务 ·· 112
4.3.1 客户业务处理模块 ·· 112
4.3.2 供用电合同管理模块 ··· 113
4.3.3 电费抄核收管理模块 ··· 114
4.3.4 电能计量管理模块 ·· 115

4.4 管理监控系统的核心业务 ·· 116
4.4.1 服务监管控制模块 ·· 116
4.4.2 业务稽查模块 ··· 117
4.4.3 经营控制模块 ··· 118

4.5 决策支持系统的核心业务 ·· 120
4.5.1 基础数据指标分析模块 ··· 120
4.5.2 电力需求侧管理模块 ··· 121
4.5.3 客户关系管理模块 ·· 122

4.6 电力营销管理信息系统案例 ··· 123
4.6.1 系统的基本架构 ·· 124
4.6.2 系统的主要功能 ·· 124
4.6.3 功能设计的主要特点 ··· 125

习题 ·· 127

第5章　电网大数据舆情分析 ·· 128

5.1 背景与目标 ·· 128
5.2 网络爬虫 ·· 129
5.2.1 网络爬虫基础 ··· 129
5.2.2 Python获取新闻数据 ·· 130
5.2.3 八爪鱼获取评论数据 ··· 134
5.3 文本挖掘 ·· 136
5.3.1 中文分词 ·· 136
5.3.2 词频统计 ·· 139
5.3.3 停用词过滤 ··· 141
5.3.4 文档主题生成模型 ·· 142

5.3.5　关键词提取 ·· 144
　　　5.3.6　情感分析 ·· 145
　　　5.3.7　词云图 ·· 147
　5.4　上机实验 ·· 148

第6章　电力行业股票量化分析 ·· 150
　6.1　数据获取 ·· 150
　6.2　数据分析 ·· 152
　　　6.2.1　基础数据分析 ·· 152
　　　6.2.2　日收益率分析 ·· 154
　　　6.2.3　相关性分析 ·· 155
　6.3　均线模型 ·· 158
　　　6.3.1　均线分析 ·· 158
　　　6.3.2　移动平均线策略 ·· 159
　6.4　量化分析 ·· 161
　　　6.4.1　收益率与风险模型 ·· 161
　　　6.4.2　蒙特卡罗模拟分析模型 ·· 162
　6.5　上机实验 ·· 165

参考文献 ·· 166

第 1 章

电力信息化概述

电力是关系国计民生的基础产业,也是关系千家万户的公用事业。由于行业的特殊性,电力企业对信息系统提出了高安全性、高可靠性、高稳定性的要求,并在电力体制改革后加快了信息化进程。电力企业信息化发展方向从信息系统的需求分析、系统设计、系统实施到运行维护,都有非常高的要求;特别是在信息技术不断发展、市场环境发生变化时,还要能够根据新的经营运作需要升级信息系统或者对系统进行快速重组。如何实施一个既能满足当前企业需求又具有可持续发展能力、功能强大又具有良好柔性的信息系统,就成为今后一个时期内电力信息化需要讨论的主题。相对于传统应用,电力信息资源的开发尚处于发展阶段,随着新的电力体制逐步形成,今后会在发电和电网等方面形成新一轮的信息化高潮。

本章首先介绍我国电力信息化发展建设概况,然后分别对电力调度中心、发电企业、变电站以及输配电生产管理这些具有代表性的电力企业信息化相关理论知识进行介绍。

1.1 我国电力信息化发展建设概况

电力信息化是指电子信息技术在电力工业应用中的全方位统称,是电力工业在电子信息技术的驱动下由传统工业向高度集约化、高度知识化、高度技术化工业转变的过程。电力信息化是国民经济信息化的一个组成部分,电力信息化工程是被原电力工业部确定的电力工业五项跨世纪的科技导向型工程之一。计算机信息网络是电力工业信息化的基础,电力工业信息化建设的重点是信息资源的开发。

在全球经济一体化的背景下,越来越多的企业认识到信息化的作用,信息化建设已逐渐成为企业战略发展的"自发行为"。信息化建设对企业不再是效益工程而是生存工程,如果企业在信息化建设过程中失去了有利地位,势必被社会生态无情地淘汰。

1.1.1 我国电力信息化发展历程

我国电力企业信息化从 20 世纪 60 年代初的计算机应用算起,已有 50 多年的历史。这 50 年的发展可分为四个阶段。

1. 第一阶段：20 世纪 60—80 年代初

这一阶段为电力企业计算机应用的起步阶段。这一期间的信息技术应用领域非常有限，主要集中在电力实验数字计算、工程设计科技计算、发电厂自动监测、变电站自动监测等方面，目标是提高电厂和变电站生产过程的自动化程度，改进电力生产和输变电监测水平，提高工程设计计算速度，缩短电力工程设计的周期等。

这一时期的电力企业信息化建设是在计算机应用发展初期，计算机主体是国产 DJS 系列小型机，这类计算机没有操作系统，使用的是第一代和第二代程序设计语言，没有数据库管理系统，主要应用在科学计算和工程运算上。少数科研单位引进国外计算机系统，虽然有第一代操作系统，开发了一些管理信息应用软件，但由于其不具备交互式功能，因此也不能为用户提供良好的工作界面。直到 20 世纪 70 年代末，电力企业管理信息处理技术才开始起步，在电费计算和财务辅助管理上进行探索性试验系统开发，但由于使用的都是集中型的中型和小型计算机，缺少汉字处理系统，没有实用价值，也不能推广应用。

2. 第二阶段：20 世纪 80—90 年代初

这一阶段为信息化初级发展阶段。信息技术在电力企业生产管理中有了单项及初级应用；计算机技术在电力的广大业务领域得到应用，电力行业广泛使用计算机系统，如电网调度自动化、发电厂生产自动化控制系统、电力负荷控制预测、计算机辅助设计、计算机电力仿真系统等。

1980—1995 年是属于专项业务应用的阶段，也称发展阶段。这一阶段，初步开展了管理协调措施，如建立电力工业计算机应用领导小组，引进国外计算机系统，进行计算机培训，同时实现电网调度自动化，计算机辅助设计、计算机访问系统得到不同程度的应用。

20 世纪 80 年代初，我国召开了第一届电力工业计算机应用工作会议，成立了计算机领导小组办公室，全面负责电力工业部计算机应用规划和信息化建设领导工作，同时成立了中国电机工程学会计算机应用专家委员会。从此电力信息化建设逐步走向有组织、有计划的发展时期。为推进电力工业的现代化发展，电力部引进一批国外中型和小型计算机，并组织较大规模的计算机专业人员培训，为电力工业计算机水平的第一次腾飞奠定了良好的基础，在基础设施和人才资源方面为电力工业计算机应用的普及和信息化建设的快速发展作了技术准备。特别是引进国外微机后，计算机系统汉化的实现以及数据库管理系统的广泛应用，为计算机技术在企业生产和管理上的应用提供了发展空间，为电力企业的管理信息化创造了条件。

这一阶段，电力行业的管理信息系统的建设进入了实质性发展阶段。从大用户电费管理开始，相继在工资、统计、人事、财务、物资、安全、生产技术、设计、施工、档案、图书情报等各个领域，不同程度地用上了微型计算机。此外，发电厂、变电站的管理信息单项应用系统纷纷开始建设，各网省公司及国家电力部建立了一批企业管理信息系统，如变电站的无人值守系统、电力工程设计的 CAD 技术等；还开始利用国际卫星通信网络进行信息服务，如电力科技情报所于 1983 年成为全国第一批（仅有三个单位）实现国际联机检索的单位，可以远程检索美国 DIALOG 等数据库中心的资料，为电力工业科技创新服务，并通过拨号方式向省电力公司的科技人员提供信息服务。这一时期将计算机技术由科技计算单一的应用方向向企业管理方向转换,是电力管理信息系统建设起步的时期,也是电力行业计算机应用全面发展的时期。

3. 第三阶段:20 世纪 90 年代中期—21 世纪初(2005 年以前)

这一时期以网络环境下建设与应用为主要特点。电力信息化建设呈现规模化,信息技术在电力行业得以广泛应用。各电力企业信息技术的应用由操作层向管理层延伸,从单机、单项目向网络化、整体性、综合性应用发展,从局部应用发展到全局应用,从单机运行发展到网络化运行。

1996—2000 年是综合应用阶段,开始在电力企业建立局域网和广域网。国家电力公司信息网络按四级构架设计,国电信息中心和各网省电力公司信息中心统一协调,建立起覆盖全国 36 个网省电力公司的一级和二级主干网。各网省电力公司按照统一规划和部署,建设本企业的城域、省域网络,各单位建设覆盖单位业务范围的局域网或广域网,初步形成以北京国家电力有限公司本部为中心、覆盖全国各网省电力公司的信息网络。信息系统由报表系统向管理系统转变,而且逐步建立网上应用系统,包括网上办公自动化系统。在此期间,信息系统建设全面起步,以办公自动化、电子邮件、网站的推出为标志。同时开发信息资源,建立综合的数据库系统,各电力企业相继建立企业级管理信息系统,推动电力公司创建一流企业的实现,办公基本实现网络化和计算机化,办公自动化系统以及综合查询系统得到充分利用,各种电子报表、电子文件在国家电力公司信息网上流转。信息技术在企业的管理中得到了全面应用,形成了许多就地分散的小区系统,但是标准不统一,平台不共用,信息难以共享。

2000—2005 年是生产和管理密切结合的阶段,信息化系统由分散向集中控制发展,是生产和管理趋于密切结合的阶段。主要的标志是对网络和信息安全更加重视,同时纳入电力安全体系,信息系统开始走向实用化。其他的专项系统更加成熟,同时开始整合信息系统平台和信息资源,应用系统向集成化发展,如输配电地理信息系统(geographic information system,GIS)、调度指挥管理系统(dispatch management information system,DMIS)、厂级信息监控系统(supervisory information system,SIS)、能量管理系统(energy mangement system,EMS)以及供电营销客户关系管理(customer relationship mangement,CRM)和客户服务中心系统纷纷开发建成。这些信息化建设在电力企业市场化运作、提高电力企业管理水平以及推动电力体制改革和现代化、提高电力企业经济效益、规范电力管理模式等方面发挥着越来越大的作用。

另一个标志是国家电力监管委员会信息中心于 2003 年 9 月 26 日成立,开始实现数据资源的共享。国家电力监管委员会信息中心系电监会直属事业单位,既是监管信息系统规划、建设、管理、运行、维护中心,又是电力监管和电力行业统计分析中心;既是技术部门,又是业务部门。

4. 第四阶段:2005 年至今

2005 年以后,电力企业信息化建设进入科学发展阶段。这一时期,电力企业信息化由感性向理性转变,由战术阶段向战略阶段发展。经过 20 年的信息化建设,企业决策层对信息化的认识大大提高,决策层、管理层和生产业务操作层的各项工作与信息系统密不可分。

各电力企业把信息化纳入企业总体发展战略,信息化进一步与电力企业的生产、管理与经营融合。

国家电网有限公司从2006年开始的"SG186"信息化工程是电力企业信息化建设新时期的标志性事件,它的实施表明电力企业信息化进入科学、理性、工程化的新的高水平建设阶段。曾经,对于电力企业基层从事信息化工作的人来说,一些数据要反复报给不同的上级部门,而这些部门的报表软件各不相同,填写起来要占用大量的时间。由于没有统一的信息平台,那些看似简单的数据交换和信息共享,成为电力企业信息化发展的瓶颈。国家电网有限公司的"SG186"工程顺势而生。SG是国家电网有限公司的英文缩写;1代表建设成一体化企业级信息化集成平台;8代表八大应用模块(财务资金、营销管理、安全生产、协同办公、人力资源、物资管理、项目管理、统合管理);6代表六大保障体系(安全防护体系、标准规范体系、管理调控体系、评价考核体系、技术研究体系和人才队伍体系)。从"SG186"工程的内涵可以看出,它几乎涵盖了电网的所有业务范围,如果落实到位,将极大地提升国家电网的管理服务水平,更为关键的是,通过信息系统,强化了管理的规范化和科学性,这种发展方式的变化将大大增强国家电网经营的掌控能力。"SG186"工程的具体要求主要集中于四大目标:一是建成纵向贯通、横向集成的一体化企业级信息集成平台,实现公司上下信息畅通和数据共享;二是建成适应公司管理需求的八大业务应用,提高公司各项业务的管理能力;三是建立健全规范有效的六个信息化保障体系,推动信息化健康、快速、可持续发展;四是到"十三五"末,公司的信息化水平达到国内领先、国际先进,初步建成数字化电网、信息化企业。"SG186"工程的实施,融入了电力行业变革与创新的众多要素,是行业信息化提速的一个大型示范工程。

1.1.2 我国电力企业信息化建设现状

1. 信息系统基础装备

信息系统基础装备是信息化建设最基本的环节,也是电力信息化建设的重要组成部分之一,直接影响电力信息化建设的进程。尽管近年来电力行业处于改革的变化时期,机构发生重组,人员发生变动,但电力信息系统基础设施建设和投入仍在稳步进行,原信息系统建设项目继续实施,信息系统基础装备得到加强,企业计算机及网络系统设备得到更新。一是设备升级换代,如部分电力企业的PC服务器系统平台,逐步向小型机平台系统转变;二是新添设备增长幅度较大,如UNIX操作系统服务器有较大增长,Linux系统正被重视;三是移动办公系统设备有较快增长,据有关调查,目前电力企业拥有的笔记本电脑数量达到个人计算机总数的1/7。

通信传输网初具规模,为信息网络的建设奠定了良好的通道基础。截至2006年年底,已建成集光纤、数字微波、卫星等多种手段并用,覆盖全公司的干线通信网。国家电网有限公司总部、区域电网公司、80%的省级公司均已建成相对完善的光纤通信网络,各级光纤通信网络基本实现互联互通。随着业务的发展和信息化水平的提高,各单位计算机软硬件配置水平和规模得到了较大提高。总部和省网层面的管理岗位逐步实现人手一机,营销窗口、生产运行班组较广泛地配置了计算机。许多单位正在开展数据中心及其附属设施(主机、存储备份系统等)的建设,为进一步深化和扩大信息技术的应用提供物质保障。

2. 电力信息网络及其安全建设

电力信息网络应用系统的开发与应用水平有较大提高,增加了对公司各项业务的支持能力。公司总部初步建成或正在建设和完善办公自动化、财务管理、综合技术与统计分析、人力资源管理、审计管理、工程建设、企业两站、合同管理、法律案件管理、国际合作、领导综合查询等子系统。各区域(省)公司都建立了以办公自动化、财务、人力资源、生产运营、安全监督、电力营销与客户服务、综合指标查询、计划统计、科技、电网实时信息和电子邮件等应用子系统组成的网络化办公生产运营管理系统;建成了内部办公网站和以信息发布、对外宣传与交流、客户服务窗口为主要功能的具有电力特色的互联网站;投运了全国统一的"95598"电力客户电话服务系统,以及掌上电力、电e宝等手机App服务系统。

按照电网安全生产的要求,从管理和技术两个方面大力推进网络与信息安全建设,并以承担国家重大科技项目"电力系统信息安全应用示范工程"和"国家电网调度中心安全防护体系研究及示范工程"为契机,开展关键技术的攻关和成果的推广,国家电网有限公司总体的网络与信息安全水平得到了较大提高。初步提出了电力信息系统安全保障的总体框架、安全策略、安全评估体系、技术体系和管理体系;开发了安全评估和加固辅助工具以及远程网络可信接入的认证网关;研究了安全应用开发体系,完成了两个省公司20多个应用系统的安全改造,实现了强身份认证,保证了数据完整性、机密性及行为抗抵赖性;开发了电子印章系统,并解决了电子文档真实保存的问题,开发了统一、安全的监督平台。

3. 生产、调度自动化建设

目前,大部分水电厂、火力发电厂以及变电站都配备了计算机监控系统;相当一部分水电厂在进行改造后还实现了无人值班、少人值守。发电生产自动化监控系统的广泛应用大大提高了生产过程的自动化水平。电力调度的自动化水平更是国际领先,目前电力调度自动化的各种系统,如数据采集与监视控制(supervisory control and data acquisition,SCADA)系统、自动发电控制(automatic generation control,AGC)系统以及能量管理系统(EMS)等已建成,省电力调度机构全部建立了SCADA系统,电网的三级调度100%实现了自动化。与此同时,对20世纪90年代初建立的SCADA/EMS系统逐步进行更新换代。电网调度自动化系统的通道数量和质量、厂站信息质量和设备运行的可靠性均有大幅度提升。DMJS、继电保护系统、电网稳定装置、EMS、水调自动化系统等电力调度自动化相关系统的建设、运行和应用水平得到提升。全国90%以上的EMS应用软件通过实用化验收。改造和更新系统建设加强国产化,在地调和县调新建系统中有98%应用了国产自动化系统。

4. 管理信息系统建设

管理信息系统(management information system,MIS)建设初具规模,建立了办公自动化系统,开发了计划统计管理、人事劳资管理、生产管理、电力负荷节理、营销管理、财务管理、电网实时信息等应用系统为主要功能的网络化的企业管理信息系统,实现办公环境网络化和计算机化。部分电力企业将管理信息系统建设与管理流程的改造密切结合,积极对企业资源计划(enterprise resources planning,ERP)在电力企业上的应用展开调查与研究,部分电力企业实施了 ERP 项目。据有关调查显示,电力企业100%建立了财务管理系统,以财务管理信息系统为核心,整合企业数据资源和应用系统,以资金流、物流和信息流改造企业信息系统,提高信息系统在企业的实际应用水平。经过几年的努力,部分公司的财务管理信息系统完成了从核算向基于预算管理、内部控制、会计核算三位一体的财务管理信息系统转化;96.9%的单位开发了人力资源管理,69.2%的单位开发了生产计划管理和安全生产管理系统,46.1%的单位建立了项目管理和视频会议系统并投入实际使用。各类管理信息系统的建立与应用在电力企业生产管理和经营中发挥着越来越重要的作用。

1.1.3 我国电力信息化建设存在的问题

电力信息化的成绩不容否定,但其发展确实存在不平衡现象,企业间信息化水平参差不齐,部分企业领导对信息化重要性的认识不到位,缺乏战略规划和科学组织,信息部门处于从属地位等问题导致部分企业信息化水平不高、信息资源分散、系统缺乏集成、实用化水平较低,存在低水平重复建设等现象。信息技术与业务的融合不深,尚未形成有利于实施集团化运作、集约化发展、精细化管理的统一信息平台,制约了电力企业(集团)资源整合和企业管理的现代化进程,目前,我国电力信息化建设主要存在以下亟待解决的问题。

1. 如何适应电力新体制

电力信息化建设面临电力新体制环境的考验。在由计划经济向市场竞争机制转化时,电力信息化如何为电力体制服务成为其成败的重点。由于新的电力体制刚刚建立,新的管理理念和管理模式还没有完全形成,电力信息化需要再次创业、再次探索。特别是在信息化与企业建设不可分割的情况下,电力信息化工作者和各级领导,要重新审视如何更好地将 30 多年来建立的信息系统和近 60 年形成的电力管理模式结合起来的问题;要认真研究如何向现代企业管理模式方向迈进;如何加快电力信息化发展进程;如何建立适应电力市场运营环境的电力信息系统。管理体制的改革,必然带来管理模式的变化,已经建设的信息系统是否能适应新的企业环境,需要认真研究并积极实践。

2. 电力市场和电力交易的信息化方面的问题

电力市场化运营和电力网上交易,为电力信息化建设提出了新的任务,尽快建立信息交易系统,是电力信息化今后几年开发建设的重点项目。在电力网上交易市场形成后,为之服务的电力市场交易网络及网络安全的重要性更加突出。然而网络的安全问题还没有引起普遍的重视。

3. 信息资源建设滞后的局面没有根本改变

重视网络和硬件投资,轻视信息资源开发和建设的现象仍然存在,各应用系统间的信息资源衔接较差,电力"信息孤岛"现象普遍存在。电力信息化深层发展的主要障碍并不是资金和技术,而是电力信息开发不足,没有一套完整的电力信息资源发展规划和开发计划;信息资源不能共享,与企业生产经营和发展有关的信息资源开发严重不足。在强调信息安全和保密的前提下,一些关系企业发展的数据和信息只掌控在少数部门的管理者和业务人员手中,没有把它建设成为企业发展的资源库和知识库。

4. 在信息系统开发方面存在两个极端

一个极端是完全由自身队伍开发信息系统,这在大中型电力企业较为普遍,如今专业分工越来越细,而许多企业仍遵循过去"大企业,小社会"的思维定式,从而带来一系列的问题;开发人员没有相应的权利进行"业务流程重组",责、权、利不统一挫伤了开发人员的积极性;缺乏先进的管理思想和经验作为参考,有限的实力和经验难以承担大规模系统的开发。另一个极端是企业对信息系统缺乏到位的认识,将其视为商品,自己直接付钱购买国外的成套系统或单纯出任"监工"角色,其余全部责任都由开发商承担,企业与开发商之间没有进行有效的合作,系统自然潜藏着危机。前者完全依靠企业自身开发研制,必然要耗费大量的时间和精力,还并不一定能达到预期效果;后者确实可以避免以上不足,但随之也带来更多不容回避的问题。一方面,成本高昂,同时外部资源程序有一定的局限性,不一定适合企业自身的实际情况;另一方面,一旦照搬国外的先进技术和系统,必然在技术及资源上产生一定程度的依赖性,缺乏自主性。

5. 资金与高素质人才的匮乏

信息化前期的投入巨大,且实施上存在着较大的风险,对于大多数电力企业来说做起来有很大难度。很多电力企业信息化进程缓慢,主要是出于资金上的考虑。而硬件设施具备了,问题又出现在缺乏应用系统经验的人员上,无法适应企业信息化的发展要求;同时,由于我国教育体制的某些缺陷,人们的信息意识还未真正形成,很难成为带动信息化建设的关键力量。信息时代是综合国力的竞争,归根到底是人才的竞争。目前真正懂信息、懂技术又具有开发能力和高水平应用能力的人才比较少,这样势必影响信息化的发展。自 20 世纪 90 年代以来,世界经济呈现出全球一体化的明显趋势,特别是中国加入世界贸易组织(world trade organization,WTO)之后,给中国企业带来最直接的影响就是全球化的竞争、企业将更多地融入世界经济。加快推进企业信息化,是我国企业参与国际市场竞争、实现全球资源与市场共享的重要条件。以信息技术增强企业核心竞争力是中国电力企业应对WTO 挑战的重要手段。企业的信息化建设必须与其发展战略相结合,不仅要重视物质的投入、人才的培养,还要实事求是,熟悉企业的实际情况,及时采取措施调整方案,才能少走弯路,避免不必要的损失。

6. 先进的自控系统和滞后的管理系统

电力信息化主要包括电力生产、调度自动化和管理信息化。厂站自动化历来是电力信息化的重点,我国大部分水电厂、火力发电厂以及变电站都配备了计算机监控系统;相当一部分水电厂在进行技术改造后还实现了无人值班、少人值守。发电生产自动化监控系统的广泛应用大大提高了生产过程的自动化水平。电力调度的自动化水平更是国际领先,目前电力调度自动化的各种系统,如 SCADA、AGC 以及 EMS 等已建成,省电力调度机构全部建立了 SCADA 系统,电网的三级调度 100% 实现了自动化。相比之下,电力行业管理信息系统的建设要滞后不少。即使在国家电网、华能集团这样的公司,管理信息系统(MIS)的建设也处在初级阶段,主要实现了办公自动化(office automation,OA)、财务管理、人力资源管理等基本功能,实施 ERP 的凤毛麟角。造成管理信息系统滞后的最主要原因是电力行业的长期垄断经营,来自市场竞争的压力小,信息化的动力不足。而管理信息系统带来的直接影响不大。源动力的"天然不足",严重影响了电力企业对管理信息化的重视。造成管理信息系统滞后的另一原因在于电力行业管理体制的不断调整。相对而言,电力生产经过几十年的发展已经形成了一套严密的流程,受管理体制调整的影响较小。而管理信息系统的建设则受管理体制变革的直接影响。不断调整的管理体制使得电力企业缺乏相对稳定的管理思想、管理模式和组织机构。更重要的是,不断调整管理体制导致企业管理者对管理信息系统的重视不够。

7. 缺乏统一的标准

电力信息化标准的空白也是管理信息系统滞后的重要原因。目前电力行业信息化尚未制定统一的信息化标准体系,电力企业内部信息系统的信息编码、技术标准、规范也不统一;同一个零部件,采购部门、库存部门和生产部门各有一个代码,甚至名称都不一样。目前各应用系统根据自身的需要制定了很多编码体系,有的在省网范围内使用,有的在地市级电力企业使用,但都无法在全国推广。没有统一的行业标准就无法实现不同单位间的信息共享,系统无法统一。

8. 无序的竞争

标准的缺失不仅导致电力企业之间难以实现信息共享,还在一定程度上造成了电力信息化市场竞争的无序。无序的市场竞争不仅使得很多项目的建设质量大打折扣,伤害了电力企业信息化的热情,而且使得 IT 企业的利润少得可怜,培养不出一流的软件公司;这反过来又会影响整个电力行业信息化水平的提高。

9. 信息部门没有得到足够的重视

虽然随着电力体制改革的深入,电力信息化建设的必要性和紧迫性已日益显现,不少企业已认识到信息化的重要性,但目前电力信息化的组织体系却难以承担如此繁重的任务。在绝大部分电力企业中,信息部门没有专门机构配置,没有规范的建制和岗位,这就难以站在企业层面上进行全面规划。目前,多数电力企业的电力生产、制度自动化和管理信息化分别由自动化处和信息中心承担,只有极个别电力企业把自动化处和信息中心合并在一起,统一推进信息化建设。把信息中心和自动化处合并在一起,不仅可以共享技术资源,而且有利于把生产控制系统和管理系统的信息集成在一起,实现管控一体化。但由于人员安排、安全等方面的原因,目前,多数电力企业还没有把两个部门合并的计划。随着信息化的快速发展及企业信息化建设需求的扩展,电力企业的信息化涉及业务与管理的各个方面,信息化需求从个别业务部门扩展到整个企业,大多数企业现行的信息化部门设置显然不能满足这种需求。由于信息化建设涉及企业的各个方面,所以需要既懂业务又熟悉信息技术的"复合型"人才来负责与实施。目前电力企业的信息化组织机构设置和人才状况已经滞后于信息化建设的需要,影响了信息化的推进。

10. 信息化建设没有统一的规划

我国的电力企业信息化起源于20世纪60年代,在不同时期,电力企业不同部门为满足业务需要进行了一系列信息系统建设,几乎每个大型发电企业都有十几甚至几十个信息系统。但这些系统多数是在未经科学合理规划下建成的,各系统之间缺乏联系,信息不能共享,业务不能协同开展,对企业管理决策的帮助作用十分有限。此外,由于缺乏总体数据规划、数据整合,存在或多或少的"信息孤岛",部分数据不能融合到整个管理信息平台上。特别是电厂的生产实时信息,如分散控制系统(distributed control system,DCS)、SCADA、SIS、水调水情监控等信息。不能充分地为MIS所用,不能为决策和数据挖掘服务。规划的缺失导致系统建设处于分散状态,分散的系统又导致企业管理层看不到信息化带来的效益,因而对信息化建设支持力度不够,信息化建设如此陷入恶性循环。

1.1.4 电力信息化发展的趋势

1. 集团集约化管理的趋势

电力企业对资产、财务、安全、生产、工程等方面的管理,都逐步呈现了集约化的特点,信息科技的发展和网络的普及都为集团集约化管理提供了有力支撑,利用专业信息系统不仅可以管控计划、合同、资金等价值因素,而且对生产指标也可以实现实时监控、全局掌握。电力企业信息化发展更注重于集合人力、物力、财力、管理等生产要素,进行统一配置。在集中、统一配置生产要素的过程中,以节俭、约束、高效为价值取向,进而使企业集中核心力量,获得可持续竞争的优势。

2. 建设一体化信息平台的趋势

电力企业为实现孤立系统融合的管理目的,形成了以数据中心、数据总线、数据交换为核心的一体化信息平台建设趋势,期望满足集团管理决策和综合分析的需要。在最大限度地保留原建设成果、满足业务需要的前提下,充分挖掘信息系统数据的关联作用,全面体现信息系统的管理效能,通过建设一体化信息平台在集团层实现信息的整合、集成、使用。

3. 信息资源共享的趋势

随着信息化应用的不断深化,电力企业各业务部门对跨业务数据综合分析的需求越来越强烈。电力企业的信息化建设已从初期的信息收集逐步转向信息应用,侧重于提供数据分析与决策支持。信息化建设重点也正在发生转变,从以往只注重信息化建设向信息化建设和综合应用进行转变。

4. 智能化发展应用的趋势

电力企业的管理信息系统,最初是管理者在流程上实现管理,同时辅助一些数据提供决策的依据。目前,信息系统已逐步向智能化发展,例如,对电力企业的指标管控已能从大指标异常分析发展到为引起此指标异常的小指标归类,进而指出引起小指标异常的设备及设备异常的时段，使经济效益有了明显的提升。此外，还出现了燃料管理智能化系统、智能巡检系统、地理信息系统（GIS）、车辆 GPS（北斗）管理系统、智能图形化两票系统、资产盘点系统等，出现了信息化与智能化设备结合应用的趋势。

5. 信息化建设"统一性"的趋势

以往电力企业信息化建设都是"分散"式的，下属各企业根据自己的需求采购或者研发应用，这给集团层面信息化整合造成了困难。在总结信息化建设的经验后，各电力企业的信息化建设都开始坚持"统一"的原则：统一领导、统一规划、统一标准、统一建设、统一管理。尤其是统一领导、统一标准、统一规划的趋势，在信息化建设中要求越来越强。

1.2 电力调度中心信息化

当前国内电力调度向智能化方向发展，其基础是调度信息化，因为只有使调度信息和其他领域的相关信息得到充分整合与共享，调度才能实现智能化，此处所涉及的信息共享与整合有三个层面的含义，即调度机构本身的信息共享与整合、纵向贯通调度系统与厂站端信息，以及横向集成调度系统信息与其他相关系统信息。

1.2.1 我国电力调度中心信息化发展情况

20世纪30年代开始，电力系统开始建立调度中心，当时的电力调度是由调度员面对一个固定的系统模拟盘，用电话联系的方式下达调度指令，由现场操作员来完成操作。调度中心的调度员无法及时地了解电网的实时变化情况，在事故的情况下只能凭经验处理问题。

到20世纪六七十年代，电力系统的自动化控制技术经历了由模拟到数字的重大转变。电力系统的各厂站运行状态数据全部由远程终端（remote terminal unit，RTU）经通信通道传到调度中心。调度中心通过计算机实现调度控制和管理。整个电网运行状态的数据采集、自动发电控制、网络分析等功能全都采取计算机自动完成。

近年来，电力系统实行了"三集五大"管理模式。"三集"是将人财物的管理权力向本部收拢、集中；"五大"是大运行、大检修、大营销、大建设、大规划。大运行，其实就是大调度，整合公司调度运行与设备运行相关业务，调整调度体系功能结构，建立各级输变电设备运行集中监控与电网调度业务高度融合的一体化调度控制体系，从而使电力调度管理水平有了很大提高。

电力调度方面目前已经建成使用了一些应用系统，如调度管理系统（outage management system，OMS）、应急管理系统（包括应急视频通信系统）、无人值守变电站系统等。而在生产等部门也建设了很多信息系统，如电力 GIS、SG186 系统、可靠性管理系统、项目管理信息系统（project management information system，PMIS）等，这些系统在各自领域都发挥了重要作用。但各系统之间大多相互独立，自成一体，信息共享不足，没有统一整合各系统之间的数据。

1.2.2 电力调度中心信息化内涵

调度信息化是实现智能化调度的基础，也即信息是智能化的基础，因此，智能调度信化要在其他相关领域信息共享与整合的基础上方能实现。信息化在电力调度系统中的应用应围绕以下三方面的内容进行。

1. 调度信息自动化

调度信息自动化是调度信息化的一项重要内容。就传统意义而言,自动化和调度信息化各自有内在的独立性,但二者间有着重大的联系。首先是在信息交互方面,调度自动化在电力调度系统中的应用,需要以由信息化产生的稳定限额、发供电计划等管理数据为基础;调度信息化信息集包含调度自动化的信息集,调度信息化在运行分析与管理的应用中,其基础是由调度自动化在应用中所产生的综合历史和实时数据信息。其次,从数据逻辑结构上来看,所有与调度自动化相关的数据均能够经正向隔离器装置,用镜像库的形式为调度信息化服务。此外,调度系统信息化主要应用于Ⅲ区,但在传统意义上,调度自动化更加侧重于对电网进行管理和运行,且主要应用于对电网的运行控制和分析应用方面。

2. 信息化关键技术

自动化是信息化在电力调度系统中应用的主要表现形式。信息化发展的关键技术即为自动化发展的关键技术。电力调度自动化的发展趋势为综合化、模块化和面向对象等。其在电力调度系统中的关键性技术有无人值守调度管理模式、模块化和分布式、调度系统综合化技术和面向对象技术。无人综合系统的建立,能够更加有效地监控系统运行状态。对其负荷状态和系统安全性进行评估,在故障发生时,能够被调度人员及时发现、及时处理,确保电力系统运行的经济性、可靠性和安全性,同时提高工作效率。模块化与分布式是系统自动化软件的主要设计思想,其基础为组件技术,使分布式的体系结构凸显,进而通过数据平台处理数据的异构问题。调度系统综合化是基于数据库技术所建立的全面调度数据库,使调度自动化管理的综合水平得到提高;同时能够优化电力系统的运行,使系统的可靠性和安全性得到提高,事故处理体系也得以完善,将事故的影响率降到最低。面向对象技术对电力调度自动化获取准确实时的电力系统运行信息有着重要的作用,该技术的应用使电力调度系统能够更好地遵循CIM模型要求。

3. 数据平台与一体化集成

信息化是对数据的收集及高效准确的处理,因此数据平台的建立能够实现对数据的有效管理。近年来,国内的各企业、调度中心在调度自动化生产运行管理和发展过程中逐步建立了相关专业的应用系统,包括电能量计量系统(tele meter reading,TMR)、调度管理信息系统(dispatch management information system,DMIS)和能量管理系统(EMS)等。虽然各系统应用广泛,但对系统的传输数据却未能实现规范化管理,导致各系统之间数据交流困难,造成系统软件资源的浪费,所以建造数据平台对数据进行管理变得十分重要。在其建立中应注重调度系统与数据平台一体化集成的形成。应注意数据平台的最大使用用户是调度系统,而且两用户的用户群基本是一致的;两系统间应考虑在功能上进一步实现集成,例如数据平台能够为调度系统提供数据加工功能,调度系统则能够给数据平台提供数据上报功能等。

1.2.3 电力调度中心信息化总体框架

1. 电力调度中心信息化的目标

电力调度信息化是一个比较大的概念,它是指通过信息化的手段,包括互联网、物联网、现代通信技术,实现信息采集、数据传输、数据分析、决策执行等,最终实现电力调度目标,保证电网安全、稳定、优质、经济运行。电力调度信息化需要通信网络、应用系统、自动化设备以及人员的密切配合来完成。其内容主要包括:

(1) 建立完善的关系模式。完善的关系模式可以实现调度系统网络资源的有效共享,保证电网运行实时信息交换的及时高效,避免数据冗余及系统更新异常等问题的发生。

(2) 建设合理的网络设施。在系统可用性的前提下,将系统的相关软硬件设施进行尽可能的简化与优化,以达到提高数据处理准确性、规范性以及时效性的目的。

(3) 实现良好的开放性。良好的开放性使得各相关系统中的数据可以被调度系统有效调用,并能够实现调度系统与其他电网机构网络进行有效联网,从而提高调度工作的有效性与时效性。

(4) 数据集中管理。对集中数据库和分布数据库进行管理上的结合。共享程度较高的数据存入公共数据库中,公共数据库又组成集中数据库,最终实现数据集中管理。

2. 电力调度系统信息总体框架

电力调度业务的范围很广,包括发、输、配电以及用电,而电力系统调度是指由发电厂提供电能,通过输电、变电、配电、供电网络向广大用户供电,是一个复杂的系统。电力系统调度肩负着电网的管理任务,在各种现代化手段的支持下,日夜监视指挥着电网的运行,使之在正常情况和事故情况下,都能符合安全、经济及高质量供电的要求。其主要工作包括:预测用电负荷,制定发电任务、运行方式和运行计划,进行安全监控和安全分析,指挥操作和处理事故。当然,不同级别的调度部门关注的重点会有所区别,目前我国电网调度分为国调、网调、省调、地调以及县调五个等级,各级调度的任务有所不同。

电力调度生产工作主要由电力调度中心来完成。电力调度中心是电网最高调度机构,依照国家法律、法规和有关规定对电网实施调度管理,在电网运行工作中行使指挥权,对直接涉及电网调度方面的专业行使管理权;负责组织、指挥、指导、协调和保障本省电网的安全、优质、经济运行,并按照有关合同或协议,兼顾发、供、用电各方面的利益,遵循市场经济规律,进行电网商业化运营。电力调度系统包括电力数据采集与监控系统、能量管理系统、变电站自动化系统、换流站计算机监控系统、发电厂计算机监控系统、配电自动化系统、微机继电保护和安全自动装置、广域相量测量系统、负荷控制系统、水调自动化系统和水电梯级调度自动化系统、电能量计量计费系统和实时电力市场的辅助控制系统等,其结构如图1-1所示。

3. 电力调度中心主要信息系统

1) SCADA/EMS 系统

能量管理系统(EMS)是以计算机为基础的现代电力系统的综合自动化系统,主要针对

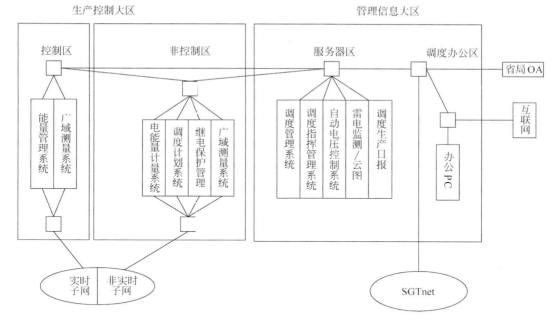

图 1-1 电力调度系统分区结构

发电和输电系统,用于大区级电网和省级电网的调度中心。EMS 的应用发展是智能电网发展的核心,一般分为 3 级:数据收集级、能量管理级和网络分析级,主要为电网调度管理人员提供电网各种实时的信息(包括频率、发电机功率、线路功率、母线电压等),并对电网进行调度决策管理和控制,保证电网安全运行,提高电网质量和改善电网运行的经济性。EMS 包括提供基本支持服务的软件平台,以及提供使发电和输电设备有效运行所需功能的一套应用,以便用最小成本保证适当的供电安全性。其主要包括:数据采集和监控(SCADA)系统,自动发电控制(AGC)和经济调度控制(economic dispatch control,EDC),电力系统状态估计(state estimator),安全分析(security analysis),调度员培训模拟系统(dispatcher training simulator,DTS)。

SCADA 系统是对分布距离远、生产单位分散的生产系统的一种数据采集、监视控制系统。SCADA 系统是电力远动系统的核心,是能量管理系统(EMS)的一个最主要的子系统,有着信息完整、提高效率、正确掌握系统运行状态、加快决策、帮助快速诊断系统故障状态等优势,现已经成为电力调度不可缺少的工具。其主要功能有:对电力系统进行在线安全监视,参数越限和开关变位告警、显示、记录、打印制表,事件顺序记录、事故追忆,统计计算及历史数据存储,对电力系统中的设备进行远方操作和调节。

SCADA 系统给电网调度人员掌握电网实时运行工况及处理事故以极大的帮助,但不能告知电网发生扰动(开关操作,事故跳闸)时的后果。为保证电网的安全运行,将电网调度自动化系统从单纯的对电网运行的安全监视功能提高到对电网运行作安全预测的分析。

为了实现对电网运行的安全预测,需对电网实时运行不断进行潮流计算、功角及电压稳定性计算,分析电网在发生故障时稳定破坏的可能性。从 SCADA/AGC 发展到 EMS,电网调度也由单纯依靠调度人员的经验来保证电网安全运行的经验型调度提高到对电网运行进行分析计算,以保证电网安全运行的分析型调度,这是电网调度自动化技术发展的飞跃。

2) 电力市场交易系统

建立电力市场的目的是通过引入竞争机制,促使发电、输配电、电力销售等各环节提高效率,降低成本,从而降低电价,提高供电可靠性,改善对用户的服务;利用市场调节和激励机制,引导投资更趋合理化,促进资源优化和环境保护,形成持续发展的内在动力,逐步构成良性循环。构成电力市场的要素包括市场主体、市场客体、市场载体、市场电价、市场规则、市场监管。

根据电价、电量的形成机制,电能交易分为执行政府定价的非竞争性电能交易和采用市场定价的竞争性电能交易。目前,非竞争性电能交易包括基数电量交易、国家和地方政府计划安排的其他电能交易、非竞争性发电企业电能交易等,竞争性电能交易包括大用户直接交易、竞争性的跨省(区)电能交易、发电权交易等。另外,全国大部分省区建立了辅助服务补偿机制。

电力市场交易系统的子系统包括能量管理系统(EMS)、交易管理系统(TMS)、中长期交易系统(FTS)、前交易系统、实时交易系统、电能量计量系统(TMR)、结算系统(SBS)、报价处理系统(BPS)、市场分析与预测系统(MAF)、信息发布系统(SIS)。

3) 电能量计量系统

电能量计量系统应用计算机及各种通信和控制技术,实现对电网电能量的远程自动采集、电能量数据处理及电能量统计分析为一体的综合自动化数据平台,并通过支持系统实现与其他系统互联的数据模型和接口规范,为电力企业的商业化运营提供科学的决策依据的综合自动化平台,包含计量表计、电表采集处理终端、主站系统及相应的通信通道和其他配套设备组成。

电能量计量系统主要通过电能量采集装置实现电能量信息、瞬时量信息的采集、存储、上传,电能量采集系统主要实现母线平衡计算、报表统计、线损统计分析、网页发布、数据转发、计量业务维护等。若为计量计费系统,则还包括对各种费率模型的支持和结算软件。

4) 水调自动化系统

水库调度自动化系统是电网调度自动化系统的一个重要组成部分,它集水库调度专业知识、自动化硬件设备与接口、计算机及网络通信技术、决策支持理论等多专业为一体,该系统基于对历史资料的收集整理和水电站流域的水文、气象和水库运行信息的及时、准确获取,进行在线水文预报和水务综合管理等,并迅速提供包括防洪和发电在内的综合决策方案。

我国水库调度自动化系统是在水情自动测报系统的基础上发展起来的。水情自动测报系统也叫水文自动测报系统,应用遥测、通信和计算机技术,完成江河流域降水量、水位、流量、蒸发量、闸门开度等数据的实时采集、报送和处理。

目前,依据我国电网调度的特点和行政划分,水调自动化系统大致分为四级,依次为水电站水调自动化系统、省级水调自动化系统、网级水调自动化系统、国调水调自动化系统。此外,还出现了分管几个水电厂水调自动化系统的流域梯调自动化系统。

5) 继电保护和故障录波信息系统

现代电网结构越来越复杂,而且逐步向区域联网、全国联网的方向发展,而大电网的运行越来越依赖于对各种信息的有效分析和处理。在电力系统发生故障时,尤其是发生大面积复杂故障时,仅仅依靠传统的 SCADA 系统提供的保护信息和开关变位信息,调度运行人员难以做出准确的判断。而来自继电保护和故障录波装置的信息越来越成为事故分析和系统恢复的重要依据。因此,亟须建立集继电保护、故障录波装置、自动装置的信息采集、分析、管理于一体的继电保护故障信息系统。

电力系统为实现在故障时及时准确地了解电网状况、实现信息的共享,做了很多工作。《国家电网公司电网二次系统"十五"规划》明确提出:"要切实提高电网安全运行的调度系统信息化、智能化水平,在电网发生故障时能为调度提供实时故障信息,以提高调度自动化水平。"而继电保护故障信息系统就是要研究的重要内容之一。

继电保护是保证电网安全稳定运行的最直接、最有效、最可靠的技术手段。继电保护故障信息系统则是提高继电保护运行管理水平极为重要的措施之一。它能实时传送电网数据,使电网的运行管理部门及时掌握电网及继电保护的运行状况和事故的演变过程,以及对事故中保护的动作行为进行综合分析,为提高事故分析水平提供可靠依据,尤其是为快速处理事故、恢复电网正常运行提供技术支持。因此,继电保护故障信息系统的建立,不仅仅是简单地服务于继电保护专业,而应满足电网调度和运行管理的多重需要,为生产管理提供现代化服务。

6) 调度生产管理信息系统

电网调度生产管理系统涵盖调度五大专业,提供包括基础设备台账、生产机构人员管理、生产计划管理、运行控制和管理、生产报表管理、生产决策分析、设备检修申请单、电网运行事故分析、继电保护定值管理、实时信息接入等各方面的功能,有效提高调度专业生产管理效率,为电力市场化提供丰富的数据基础和快速可信的决策依据。

调度生产管理信息系统主要涵盖继电保护专业管理、通信专业管理、自动化专业管理、运行方式专业管理、调度专业管理、市场专业、设备管理、综合管理等功能,其总体结构如图1-2所示。

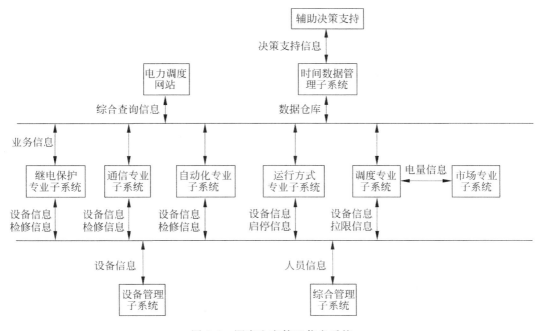

图1-2 调度生产管理信息系统

1.3 发电企业信息化

随着发电市场竞争格局的逐渐形成,发电企业对加强信息化建设、提高企业竞争力的需求格外迫切。无论是集团公司、发电厂还是系统开发商都在紧锣密鼓地制定信息化的长远战略规划和实施方案。但由于信息化的内涵在不同的地区、不同的文化、不同的时间段内都是不同的,因此,发电企业信息化是一个动态发展的概念。发电企业信息化是综合利用计算机技术、网络技术、软件技术等现代信息技术,融入先进的管理思想和技术策略,实现提高发电企业现代化管理水平、经济效益以及市场竞争能力的目标。

1.3.1 我国发电企业信息化发展情况

发电企业信息化建设已经历了二十多年的过程,探索与努力、成功与失败交织在一起,走过了一条曲折的道路。电力企业改革后形成了五大发电集团等新型的独立发电公司,这对总体上不适应形势需求的发电企业信息化建设提出了更高的要求,给发电企业提供了重新审视、思考和建设的机遇。目前,与国内其他行业相比,我国发电企业信息化发展总体处于较高水平。由于电力生产安全性与稳定性的要求,发电企业对生产、调度过程控制的自动化应用一向比较重视,而对管理信息化的重视却相对不足。

2008年以来,大规模的电厂建设终于将发电量推向了接近过剩的阶段;同时,煤价持续高涨,有效电力需求下降,致使发电企业经营压力骤然增大。面对激烈的竞争格局,无论内部管理,还是面对市场进行战略化运作,发电企业都将更加依赖信息系统,信息系统的可用性及优劣程度直接关乎企业效益和竞争力。因此,各发电集团公司都把企业信息化建设放到重要位置,重新规划企业信息化发展蓝图,希望借助信息化改造推动电力工业现代化,帮助发电企业走出困境。

发电企业应以管理创新为基础、以提高工作效率为手段、以信息资源管理为核心、以网络系统和数据中心为支撑、以企业信息门户为主导,增强市场竞争力、降低发电成本,建成功能完善、高效实用、高度集成、体现自身管理特色的管理信息系统。发电企业普遍明确了"统一领导、统一标准、统一规划、统一管理、分步实施"的信息化建设方针,通过强化成本管理、经营管理、资源管理、安全管理,落实目标、计划、指标、责任、绩效,力求在保证机组安全运行的前提下,降低发电成本,从而提高经济效益,提升集团化运营管理能力和决策水平。

1.3.2 发电企业信息化的内涵

从严格意义上来说,发电企业信息化不仅包括发电集团的信息化,而且包括发电厂信息化。发电企业信息化包括三个层面的含义:发电生产过程的自动化;企业管理的信息化;生产决策的智能化。在目前情况下,"发电企业管控一体化"和"数字化电厂"便是对发电厂信息化的简明概括。

1. 发电企业管控一体化

目前,发电厂的生产自动化控制系统已得到了较为广泛的应用,DCS、FODCS、MACS

的应用也逐步走向成熟,与此同时,一些有条件的发电企业开始应用企业资源计划(ERP)。为了将生产自动化控制系统和 ERP 有机地贯穿起来形成一个整体,从而在更大的程度上发挥 ERP 的作用,发电企业实行管控一体化(management and control integration,MCI)是必然的选择。

有些学者认为,进入 21 世纪,发电企业信息化就是管控一体化,即企业管理信息化与生产过程控制自动化的有机结合。企业管理信息化是指在企业管理的各个环节和各个方面,利用计算机和网络技术来实现资金流、物流和工作流的集成和综合,从而提高企业资源配置效率和市场竞争能力。以往的管理信息系统和生产过程监测与控制系统往往是两个分立的系统,两个系统间只能同数据接口进行有限的数据交换。管控一体化的目标就是将发电企业的管理活动和发电生产过程紧密地联系在一起。

实现管控一体化的关键环节是建立实时信息系统,以此来衔接过程控制层和管理信息层。实时信息系统可以将发电厂底层生产数据实时、准确地上传至管理网,将生产数据流贯穿于整个 ERP 系统中,再通过生产数据这个纽带将上层管理与底层自控联系起来,辅以人、财、物各方面的管理,将整个企业的主要生产、管理业务信息"一网打尽",从而用 ERP 统一规划、调配企业内外部各种资源,使有限的资源得到最大限度利用。

具体地说,ERP 是通过生产管理和设备管理两个子系统来和控制层进行数据交换的。ERP 系统对接收到的实时信息进行分析后,作用于其生产管理和设备管理两个子系统。生产管理子系统通过对实时信息的分析,了解各项生产指标情况,及时调整不合理的生产过程,优化生产资源的配置,降低生产成本,并为领导者的生产决策提供依据;同时,生产管理子系统还可以从实时信息中准确地得到各项生产投入及产品产出的指标,并将这些信息直接送到成本核算子系统,迅速计算企业的生产成本,提高企业的反应速度。ERP 系统中的设备管理子系统可以实时监测控制系统中的设备运行情况,使管理者及时了解设备运行信息,并将实时信息中设备的仪表读数及与设备运行相关的指标纳入设备管理体系,提高设备的维护水平;同时,通过实时信息的历史记录对设备的运行历史进行分析,找出影响设备使用寿命的不合理的运行指标,调整设备运行方式,延长设备使用周期。

2. 数字化电厂

为了能够真正做到管控一体化,一些学者提出了数字化电厂(digital power plant)的概念,并且认为,数字化电厂就是对电厂信息化的简明概括和广泛提升。一般认为,数字化电厂就是电厂将所有信号数字化,然后利用网络技术,实现可靠而准确的数字化信息交换、跨平台的资源实时共享,进而利用智能专家系统提供各种优化决策建设,为机组的操作提供科学指导。其作用是降低发电成本、提高上网电量、减少设备故障,最终实现电厂的安全、经济运行和节能增效。

在电力行业标准 DL/T 701—2012《火力发电厂热工自动化术语》中,数字化电厂被定义为是电厂数字化达到一定程度后的概念。电厂各级控制和管理系统(包括现场设备等基础单元)均进入数字化后称为数字化电厂,而电厂数字化(power plant digitalization)是利用计算机及微处理器技术将反映火电厂生产和管理过程对象的现象、特征、本质及规律的声音、文字、数字、符号、图形和图像等模拟信息转换为数字信息的过程。需要指出的是,数字化电厂是一个动态发展的概念,目前,数字化电厂的实现过程仍处于研究和探索之中。

数字化电厂的信息系统主要涉及分散控制系统(DCS)、厂级监控信息系统(SIS)、电厂资源规划系统(ERP)三大系统。三大系统各自独立运行于支撑自身的网络系统,通过公用的统一数据平台实现三个系统的无缝集成,从而达到全厂数据的共享。

数字化电厂继承了经典的分散控制系统(DCS)的思想,同时将其他控制系统(如输煤程控、化水程控、灰水程控、电气控制等)纳入 DCS 系统中,最大限度地实现电厂生产的集控,对发电厂的生产过程进行统一调度,达到生产过程可靠稳定、运行人员少、生产能力高的目的。数字化电厂在 DCS 系统的基础上,构架了统一的数据平台,立足于生产过程中的实时信息,应用厂级信息监控系统(SIS),实现电厂机组间的负荷分配、机组级的经济性能计算、设备的故障诊断及实时电价的分析,从而确保电厂的安全、经济运行。

数字化电厂在分散控制系统(DCS)及厂级信息监控系统(SIS)的基础上,融入现代化的管理思想,应用电厂资源信息计划系统(ERP),为电厂的日常生产经营如检修管理、运行管理、设备管理等提供决策依据,最终达到设备零部件库存最低、采购费用最小及电厂营运成本最低的目标。

2007 年,国家"十五"科技攻关计划引导项目——"数字化电厂关键技术开发"项目,已由广东亚仿科技股份有限公司和华能伊敏电厂历时 5 年开发成功。这个项目已在华能伊敏电厂投入运行,并通过了科技主管部门组织的项目验收。该项目在华能伊敏电厂投入运行后,有效地提高了电厂的节能增效水平,取得明显经济效益:因降低煤耗每年可节约近 600 万元;因节约用电和机组稳定性提高,每年节约用电 2400 万 kW·h。专家认为,这一技术已达到国际领先水平。

1.3.3 发电企业信息化架构

发电企业信息化架构指发电企业的信息化整体解决方案,定位于发电企业的总体目标,采用先进的计算机技术,有机地整合企业中的资源和业务流程,有力地控制企业的成本和费用,提高企业的管理水平和工作效率;采用先进的设备管理软件,有效地增强设备的可靠性和安全性,使整个发电企业的资源得到最优配置。

1. 发电企业信息化建设的目标

1) 发电集团信息化建设的总体目标

发电集团信息化建设的总体目标是:为发电集团建立及时、准确、完整的,以财务(预算)、资产(设备)信息为核心的生产、经营、行政管理信息系统,实现全面预算管理(包括预算控制、预算分析)、全面生产维护管理、全面绩效管理;提高发电企业的管理水平,促进企业内部数据(知识)共享,提高下属发电企业的财务(预算)、资产(设备)管理水平和能力;规范发电企业的资产编码,如统一的设备编码、物资编码;结合发电集团的管理需求,对下属发电企业内部的各种资源进行优化和配置,建立统一的企业资产管理业务流程,优化关键业务流程,并从标准入手进行固化,实现企业内部资源整合;提高集团整体业务水平和综合管理效率,实现全面集成的企业资源计划系统;实现发电集团物流、资金流、信息流、工作流的统一管理和资源共享。

2) 发电厂信息化建设的总体目标

随着我国电力行业"厂网分开，竞价上网"，以及五大发电集团的成立，发电厂作为独立企业参与市场竞争。作为发电厂，在安全性、可靠性约束条件下，追求利润的最大化是它的主要目标。因此，发电厂的管理重点也从传统的计划生产逐步过渡到基于科学调度和竞价决策的市场化生产。

追求发电厂最大化利润的方法，从宏观来看，无非就是两条路：开源和节流。开源是指在每天的电力市场交易竞价中，通过科学分析本厂的发电成本、预测电网的需求量、估计同类电网的报价，从而报出最有竞争力的价格，实现电厂售电和电价的最大化。节流是指加强电厂的内部科学管理，深挖潜力、降低成本、节能降耗、优化运行方式，合理安排机组的启停和检修，将机组的启停次数、机组的检修时间尽量缩小，实现电厂成本的最小化。当企业的销售收入最大化、成本最小化时，利润也就趋于最大化，因此，需要发电厂通过信息化建设来实现以上目标，通过采用计算机辅助管理，达到信息加工的自动化，提高信息的准确性、及时性，建立一套符合发电厂生产经营特点的安全、可靠、先进的发电企业信息系统。

2. 发电企业信息化理想模型

目前，按照业务和组织结构的特点，发电企业可以分为三种类型：第一种类型是五大发电集团，它们是拥有三级业务和组织架构的集团型企业；第二种类型是其他中央直属发电公司和区域性发电公司，它们是拥有两级业务和组织架构的集团型企业，包括五大发电集团下属的分、子公司，部分中央直属发电公司、地方发电公司；第三种类型是基层发电企业，包括发电集团的基层电厂，地方及民营、外资的独立发电公司。

集团型企业主要行使战略管理、计划管理、集团管控的职能，对下属各发电企业履行管理职能。为提升发电集团的竞争力，集团型企业信息化建设应以集团管控和业务、资源整合为主，优化集团型企业的业务模式和内部资源配置。由于发电集团内部各发电厂信息化水平参差不齐，不仅需要从集团公司角度出发，制定这些发电厂的信息化建设标准，提高各电厂的信息化水平，而且要把各电厂信息汇总到集团总部，总部作为决策中心和指挥中心，汇总、分析各发电厂的信息，以发挥企业的整体作用。

集团企业管控模式有财务管控、战略管控、经营管控，对下属企业管控的力度依次增强。不同发电集团针对不同下属企业应采取不同的管控模式。针对集团总部主要对下属二级单位采取财务管控型或战略管控型模式，需要借助信息平台对下属企业进行财务、计划执行的监控，跟踪下属企业生产、经营状况。针对集团管理主要对下属企业采取战略管控或经营管控模式，需要借助信息平台对下属企业的业务过程进行管理，对业务过程执行情况进行监督、控制。两种情况下均需借助信息系统对下属企业实施相应的管控措施，以实现集团整体的资源整合，提高整体的业务效率与效益，从而提高企业竞争力。

1) 发电集团信息化理想模型

发电集团信息化理想模型如图 1-3 所示。发电集团信息化建设的内容可以概括为"一个门户，六大中心"。"一个门户"是指发电集团的信息门户，是以企业门户的方式整合集团内的各种信息资源及技术平台，提供信息查询的统一入口，统一进行权限控制和管理。"六大中心"是指计划中心、财务（预算）中心、监控中心、统计中心、辅助决策中心、文档中心，发电集团通过这六大中心履行对下属各发电企业的管理职责。

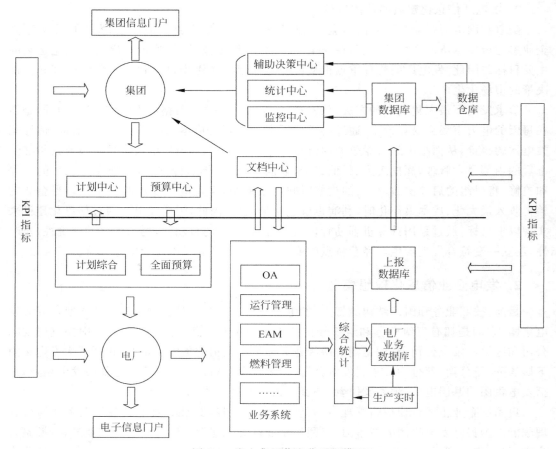

图 1-3 发电集团信息化理想模型

（1）计划中心

发电集团计划中心的主要功能是从基础管理开始，为支持集团业务计划（包括生产管理、物资管理、燃料管理、财务管理等计划）管理，指导下属发电企业的综合计划，并对上报的计划进行汇总、平衡、评估、确定，然后下发回下属发电企业执行；最后，对计划的执行情况进行统计跟踪，将计划的实际值与计划值进行对比分析，采用 PDCA 法，实行过程控制管理。

（2）财务（预算）中心

集团预算中心的主要功能是对下属发电企业进行财务管理、成本管理（包括燃料费用、检修费用、物资费用、综合费用等）、全面预算管理等，将审核批准的财务（预算）结果下发至各下属发电企业执行。强化全面预算管理，明确经营目标，落实经营责任；加强财务监督，控制负债规模，降低财务费用。最后通过统计中心统计预算的实际完成值，与预算计划进行对比分析和偏差管理。

（3）监控中心

集团监控中心的主要功能是按照项目管理的思路，通过生产实时数据的技术手段，对下属发电企业的生产和经营情况进行实时监测和监督，以密切掌握下属发电企业的生产和经营情况。

(4) 统计中心

集团统计中心的主要功能有三个:一是将下属发电企业的生产、经营数据统计生成日报表、月报表、年报表以及其他所需要的各种统计分析报表;二是为计划中心和预算中心提供计划和预算的实际值;三是自动(或手动)生成各种对外报表,如上报董事会、统计局、中电联等。

(5) 辅助决策中心

集团辅助决策中心的主要功能是利用数据仓库、数据挖掘等先进技术,建立集团的辅助决策支持平台,在图形界面中方便地生成数据仓库的逻辑模型,并自动生成物理模型,提供数学模型和管理模型,同时自动保持逻辑模型和物理模型的一致性,生成数据仓库建模所需的各种文档,提供丰富的多维分析和决策支持手段,以便进一步分析、挖掘数据,增强集团的科学判断和决策能力。

(6) 文档中心

集团文档中心的主要功能是以集团级的办公自动化为依托,实现集团文档、资料的集中管理,并与下属发电企业的办公自动化系统相连接,实现文档和办公信息在集团和下属发电企业之间的顺利流转,提高工作效率。

2) 发电厂信息化理想模型

我国电力市场化改革正在不断深入,"厂网分开、竞价上网"政策正在逐步实施,各发电企业必须做到安全性和经济性并重、优化生产过程、降低生产成本和设备损耗、提高企业管理水平,以适应电力市场发展的需要。传统的"MIS+DCS"信息架构已难以完全满足上述要求,厂级监控信息系统(SIS)作为发电企业管控一体化思想的重要实践,在信息技术支撑下成为贯通管理层与控制层的信息桥梁,它吸收了工业智能领域的最新成果,为机组稳定经济运行和提升厂级发电效益提供强有力的支持。企业资源计划(ERP)作为一种企业管理模式,也作为一种信息化解决方案,是目前企业信息化的主流,其基本思想是将企业的业务流程看成一个紧密连接的供应链,并对供应链上的所有环节进行科学、有效的管理。目前,国内一些有条件的发电厂已开始实施 ERP。

理想的发电企业信息化模型如图 1-4 所示,建立在集散控制系统(DCS)、可编程序控制器(programmable logic controller,PLC)及其他实时系统的基础上,取得生产一线的实时参数,通过厂级监控信息系统(SIS)对来自各个实时系统的信息进行处理,产生优化的结果,并通过调整实时系统的相关参数,使全厂的实时控制系统运行在一个整体较高的经济水平上。厂级监控系统再将有关参数传递给管理信息系统(MIS)或企业资源计划(ERP)系统,MIS 或 ERP 系统在对全厂信息进行管理的同时,将有关全厂整体的成本参数,反馈给厂级监控信息系统(SIS)以实行竞价上网的报价需求,实现闭环控制过程。

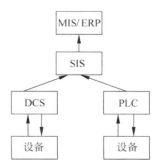

图 1-4 发电厂信息化理想模型

发电厂信息化理想模型的结构为:上层是生产经营管理层,构架管理信息系统(MIS)或在企业资源计划(ERP)系统之上,提供对企业管理数据的分析,主要为高层提供决策依据。中层是生产管理层,构架在厂级监控信息系统(SIS)之上,提供对全厂设备数据的分析。下层是生产过程控制层,构架在分散控制系统(DCS)及可编程序控制器(PLC)之上,用于生产过程的控制和调节。底层是生产设备,通常是由生产主、辅设备及监测控制仪表组成。

分散控制系统和厂级监控信息系统属于发电企业生产过程控制自动化范畴,分别用于生产过程控制和实时生产过程管理以及监控;管理信息系统、企业资产管理(enterprise assets management,EAM)系统和企业资源计划系统则是属于发电企业管理信息化的内容。发电企业管理信息化方案不可能有统一的模式,只有符合企业实际经营状况和经济利益的管理信息化方案才是最有效的。对于一些发电企业来说,管理信息系统可能是最适合它们的管理信息化方案;而对于一些有条件的发电企业,企业资源计划系统则是它们最好的选择。企业资源计划系统是管理思想与信息技术的结晶,是企业经营管理的工具。然而,发电企业与一般制造型企业相比,有着明显的行业特点,发电企业发电量的多少是由电网调度统一管理,电网调度要求发多少电,发电企业才能发多少电。再加之引进 ERP 系统不仅软硬件费用和用户培训费用较高,而且需要对发电厂的组织结构进行根本性的改变,所以目前只有一些有条件的企业才会引进 ERP 系统。

3. 发电企业主要信息系统

1) 分散控制系统

分散控制系统(DCS)又称为集散控制系统,是计算机技术、控制技术和网络技术高度结合的产物。DCS 通常采用若干个控制器(过程站)对一个生产过程中的众多控制点进行控制,各控制器间通过网络连接并可进行数据交换。操作采用计算机操作站,通过网络与控制器连接,收集生产数据,传达操作指令。因此,DCS 的主要特点归结为一句话就是:分散控制、集中管理。从结构上划分,DCS 包括过程级、操作级和管理级。过程级主要由过程控制站、I/O 单元和现场仪表组成,是系统控制功能的主要实施部分。操作级包括操作员站和工程师站,完成系统的操作和组态。管理级主要指工厂管理信息系统(MIS),作为 DCS 更高层次的应用。

分散控制系统是一个过程控制系统,完成对设备运行层实时数据的采集、转换和存储,控制设备生产运行。分散控制系统强调的是运行的准确性,以稳定性和安全性为首要目标。现代大型火力发电厂各工艺系统的控制已普遍采用分散控制系统和 PLC 程控系统,大大提高了机组的自动化水平,但各控制系统之间相互独立,信息不能共享。

2) 厂级监控信息系统

厂级监控信息系统(SIS)属于实时生产过程管理和监控范畴,是介于底层系统和管理信息系统之间的"中间件"。一方面,SIS 从机组 DCS、辅助车间程控系统以及其他数据源中集成实时过程信息和历史数据,构成生产实时数据库和历史数据库,为生产管理人员的分析和决策提供支持。另一方面,将机组状态信息和性能信息发送给上层的 MIS 或 ERP 系统。SIS 处于具有高精度、高速度、高可靠性要求的 DCS 与实时性要求不高的 MIS 或 ERP 系统之间,是电厂自动化、信息化架构中的过渡层面,起到隔离作用。SIS 应用功能模块主要包含厂级过程画面监视、机组性能计算、机组经济指标管理模块,主要完成生产过程的监控和管理,故障诊断和分析,性能计算、分析和经济负荷调度等。

SIS 和 MIS 是面向不同层次、不同目标，具有不同功能的两种系统，既相互联系，又有重大区别。这两个系统应该并存，相互不能代替，有些功能可以交叉。SIS 与 MIS 实时性要求不同。SIS 实时性强，MIS 实时性要求就低一些，是属于"离线"分析和管理。SIS 更多强调的是运行的质量，以经济性为首要目标，强调对决策者提供系统外部环境信息、内部综合信息、决策者个人经验和判断等方面的支持。

3）管理信息系统

管理信息系统(MIS)属于厂级管理现代化范畴。MIS 的主要任务是信息处理，积累信息事务层的非实时数据，包括电厂基建期 MIS 的数据，对生产实时数据和信息事务层的非实时数据进行综合加工，帮助企业优化资源配置。它强调信息流程的整体性，其信息可为所有决策人员使用，而对中、高层决策者所需的内外部信息和适应个人决策风格的经验和判断，则只提供部分信息的支持，不可能达到使决策者操作得心应手的程度。

MIS 以网络作为信息传递和数据传输的媒体，将网络设备、接口设备、服务器、计算机终端设备、系统软件和应用软件等连接起来构成完整的系统。其中，数据库是 MIS 的核心，既要存储企业的业务数据，也要存储描述数据的数据，描述对数据如何加工，以及加工和数据的关联关系的数据。

MIS 涵盖企业设备、物资、生产技术、运行、行政管理等方面的管理信息，是发电企业管理者对企业运行状况进行实时监控的有效工具。MIS 的主要功能模块包括办公自动化（OA）、生产实时信息监测、综合信息查询、运行管理、设备管理、缺陷管理、维修工程管理、燃料管理、物资采购和库存管理、人力资源、财务、安全监察、技术监督、动态指标分析、辅助决策支持、统计报表等。

4）企业资源计划系统

企业资源计划(ERP)系统的概念由美国 Gartner Group 于 20 世纪 90 年代初首先提出，仅经过几年的时间，ERP 已由概念发展到应用，并被认为是当前最先进的管理思想。最初 ERP 的思想主要应用于传统的制造业，它一般分为财务、仓库、采购、分销、制造等模块。从广义来讲，发电厂也是一个生产企业，它同样存在原材料的采购、存储、消耗，产品的生产销售、财务的结算，即信息流、资金流和物资流在企业的流动。

企业资源计划的基本思想是将企业的业务流程看作一个价值链，并对价值链的所有环节进行科学、有效的管理。发电企业实施 ERP，需要进行流程变革，优化业务流程，建立流畅的企业内部价值链，并建立相应的业务支持信息系统。

发电企业 ERP 系统实际上将信息、业务、人等全局资源进行有机集成。通过集成，使得流程得以疏通，效率得以提高，内部的各项管理控制程序得以真正贯彻。管理软件系统的技术焦点是集成，简单单一的系统容易实现，复杂系统需要解决系统内外部的集成。随着应用环境的不同，需要解决异构系统间的集成、分布式计算环境下的集成、业务层面上的业务逻辑集成等。ERP 是管理思想与信息技术的结晶，是企业经营管理的工具。

5）企业资产管理系统

企业资产管理系统(EAM)是面向资产密集型企业的经营管理解决方案，主要适用于发电企业对高价值固定资产的维修、保养、跟踪等业务管理。有一种观点认为，EAM 是发电企业成功实施 ERP 的基础和热身，并且 EAM 的实施更容易获得成功。EAM 的主要模块包括设备资产管理、设备文档管理、设备缺陷和事故管理、预防性维修、维修计划和排程、工单的生成和跟踪、备件库存管理、采购管理、维修成本核算、缺陷分析、统计报表等。有些EAM软件还包括安全生产、产品质量、能源利用、环境保护等方面的功能。

EAM以资产、设备台账为基础，以工作单的提交、审批、执行为主线，按照缺陷处理、预防性维修、预测性维修几种可能的模式，以提高维修效率、降低总体维护成本为目标，将采购管理、库存管理、人力资源管理集成在一个数据共享的信息系统中，从而提高企业的经济效益和企业的市场竞争力。

1.4 变电站信息化

变电站是联系发电厂和用户的中间环节，变电站信息化是电力企业信息化的重要基础之一，大量的输配电信息来自变电站，它是连接电力企业和最终用户的桥梁。变电站信息化的主要内容是变电站综合自动化系统。变电站综合自动化系统将变电站的二次设备（包括控制、信号、测量、保护、自动装置及远动装置等）利用计算机技术、现代通信技术，经过功能组合和优化设计，对变电站执行自动监视、测量控制和协调，是自动化和计算机、通信技术在变电站领域的综合应用。

变电站把一些设备组装起来，用于切断或接通、改变或调整电压，是电力系统中变换电压、接受和分配电能、控制电力的流向和调整电压的电力设施。按在电力系统中的地位和作用变电站可划分为系统枢纽变电站、地区一次变电站、地区二次变电站、终端变电站；按变电站安装位置可划分为室内、室外、地下、箱式；按值班方式可划分为有人值班、无人值班；按变压器的使用功能可划分为：升压、降压、换流；按自动化程度可划分为常规、部分微机化、数字化变电站、智能变电站。

1.4.1 我国变电站信息化发展情况

20世纪80年代及以前变电站保护设备以晶体管、集成电路为主，二次设备均按照传统方式布置，各部分独立运行。随着微处理器和通信技术的发展，远动装置的性能得到较大提高，传统变电站逐步增加了"遥测""遥信""遥控""遥调"的"四遥"功能。

20世纪90年代，随着微机保护技术的广泛应用，以及计算机、网络、通信技术的发展，变电站自动化取得实质性进展。利用计算机技术、现代电子技术、通信技术和信息处理技术，对变电站二次设备的功能进行重新组合、优化设计，建成了变电站综合自动化系统，实现了对变电站设备运行情况进行监视、测量、控制和协调的功能。综合自动化系统先后经历了集中式、分散式、分散分层式等不同结构的发展，使得变电站设计更合理、运行更可靠，更利于变电站无人值班的管理。

近年来，随着数字化技术的不断进步和IEC 61850标准在国内的推广应用，国内已经出现了基于IEC 61850的数字化变电站。数字化变电站具有全站信息数字化、通信平台网络化、信息共享标准化、高级应用互动化四个重要特征。数字化变电站体现在过程层设备的数字化、整个变电站内信息的网络化，以及断路器设备的智能化，而且设备检修工作逐步由定期检修过渡到以状态检修为主的管理模式。

对于变电站自动化技术而言，数字化变电站与传统的常规变电站相比，已经在理念和技术上获得了飞跃，能够满足目前乃至今后一段时间电力系统发展的要求。然而，目前的数字化变电站技术能否完全满足智能电网的要求、支撑智能电网的发展,在智能电网大背景下,变电站的自动化、智能化技术又如何进一步发展,是值得思考的问题。智能电网中的智能变电站是由先进、可靠、环保、集成的设备组合而成,以高速网络通信平台为信息传输基础,以全站信息数字化、通信平台网络化、信息共享标准化为基本要求,自动完成信息采集、测量、控制、保护、计量和监测等基本功能,同时具备支持电网实时自动控制、智能调节、在线分析决策、协同互动等高级功能的变电站。

1.4.2 变电站信息化总体框架

变电站信息化的核心内容是监控系统信息化和生产管理系统信息化。变电站信息化框架如图1-5所示。监控系统以完成现场运行参数、开关状态的采集和监视、远方开关的操作、远方参数的调节等为任务,并为采集到的数据提供共享的途径,主要由数据采集与处理系统、监视系统和控制系统三部分组成。生产管理系统是变电站日常工作活动信息化管理系统,主要由变电运行管理子系统、操作票专家子系统及技术培训子系统三部分组成。

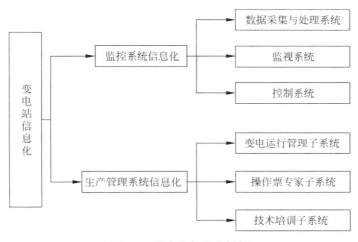

图1-5 变电站信息化框架

1. 变电站监控系统信息化

变电站综合自动化监控系统对整个综合自动化系统进行协调、管理和控制,并向运行人员提供变电站运行的遥测、遥信、SOE等数据,并提供接线图、表格、饼图、棒图等比较直观的人机交互界面,使运行人员可以远方控制断路器分合操作。变电站综合自动化监控系统代替了很多过去由运行人员完成的简单、重复以及烦琐的工作,如收集、处理、记录、统计变电站运行数据和变电站运行过程中所发生的保护动作、断路器分合等重要事件,同时,还可按运行人员的操作命令或预先设定执行各种复杂的工作。

目前,从国内外变电站综合自动化监控系统的发展情况来看,大致存在以下三种结构。

(1)集中式系统结构。一般采用功能比较强的计算机并扩展其I/O接口,集中采集变电站的模拟量、开关量等信息,集中进行计算机处理,分别完成微机监控、微机保护和自动控制等功能。

(2) 分布式系统结构。按变电站被监控对象或系统功能分布的多台计算机(微机)单功能设备,将它们连接到能共享资源的网络上实现分布式处理。即将变电站综合自动化系统的功能分散给多台计算机完成。

(3) 分层分布式结构。分层分布式变电站综合自动化控制系统可分为三层结构,即站控层、间隔层、过程层。每层由不同的设备和子系统组成,完成相应的功能。通常,变电站综合自动化监控系统由站控层和间隔层两个基本部分组成。

分层分布式变电站综合自动化监控系统是以计算机技术、通信网络技术、现代自动控制技术、信息处理和传输技术等为基础,实现对变电站的监视和控制。监控系统的主要功能可分为数据采集和处理功能、监控操作功能、报警及处理功能、事件顺序记录及事故追忆功能、远动功能、时钟同步功能、人机联系与运行管理功能、与其他智能设备接口功能等。

变电站综合自动化监控系统以较高测量精度采集到相对完整的电力系统有关数据和信息,利用计算机的高速计算能力和逻辑判断功能,可以完成对变电站设备和电网运行状态的监视、测量和控制功能,进一步扩大了监视的覆盖面,可使变电站运行人员和调度员掌握安全控制、事故处理的主动性,减少和避免误操作、误判断,缩短事故停电时间,最终提高运行人员的工作效率和变电站的安全稳定运行水平。变电站综合自动化监控系统具有以下四个基本特征。

(1) 功能综合化。变电站综合自动化监控系统是建立在计算机硬件和软件技术、数据通信技术的基础上发展起来的,按照变电站自动化系统的运行要求,将二次系统的功能综合考虑,进行优化组合设计,达到系统性能指标的最优化。

(2) 系统构成模块化。通过网络、总线把各功能模块连接起来,便于接口功能模块的扩充和信息的共享。

(3) 操作监视屏幕化。当变电站有人值班时,人机联系的操作可以在当地监控系统的人机交互界面上进行;当变电站无人值班时,人机联系的操作可以在远方的调度中心进行。不管采用哪种方式,操作人员面对的都是屏幕,操作的工具都是鼠标和键盘。

(4) 运行管理智能化。主要体现在无人值班、人机交互操作屏幕化、制作报表、打印、越限监视、建立实时数据库和历史数据库、系统信息管理、开关操作及防误闭锁等方面,能够做到人无法完成的工作和减轻工作人员的劳动。

总之,变电站综合自动化监控系统是多专业性的综合技术,以计算机技术为基础,实现对变电站传统的继电保护、控制方式、测量手段、通信和管理方式的全面技术提高,实现了电网运行的一次大变革。

2. 变电站生产管理系统信息化

变电站生产管理系统(production management system,PMS)以设备为核心,以计划和任务为主线来管理整个输变配电生产业务,功能涵盖了设备管理、运行值班管理、故障管理、缺陷管理、检修试验管理、标准化作业管理、工作票管理和操作票管理、巡视管理、周期性工作管理、图形管理、生产报表管理、各种专项管理、各种统计查询等实际生产业务。在生产管理系统中,变电设备管理、变电运行管理、缺陷管理、两票管理的应用,使运行人员更快地熟悉 PMS 管理流程,以达到作业效率更高、出错率更少、工作质量更好的管理目的,从而为变电运行工作安全稳健地开展提供了一个良好的平台。

生产管理系统遵循"SG186"工程的系统建设原则,同时结合生产管理业务实际情况进行系统设计,完全基于自主研发的电力业务软件平台进行系统构建,采用国网公司总部及网省公司两级集中部署模式,进行了系统标准化、输变配一体化设计,并采用五大中心、图模一体化等先进的设计思想进行了系统架构,功能应用范围涵盖了公司总部、网省公司、地市公司三个层面。

1) 变电设备管理

变电设备管理的范围,整体上可以分为基础类台账、设备类台账及物资类台账,主要包括变电站、变电一次设备、继电保护及安全自动装置、直流系统、防误装置、自动化设备、仪器仪表、备品备件、工器具等。

生产管理系统中的变电设备管理的主要功能是实现变电设备标准库管理和变电设备台账的管理。设备型号标准参数库为各类型号的设备建立了一套标准参数值,包含的属性依照设备属性配置库,这样可以保证设备属性的规范化、标准化,而不会使属性具有扩展性而变得不可控制。变电设备台账管理的重点操作共有五个,分别是:批量新建一次设备台账;批量修改一次设备状态及投运日期信息;一次设备退运;投运备品仓库中新品至一次设备运行位置;直接修改设备状态,退运除一次设备、继电保护设备外其他变电设备。

2) 变电运行管理

生产管理系统中的变电运行管理功能,涵盖了变电运行交接班、运行值班、交接班小结及各种变电运行工作记录等生产业务。变电运行值班记录分为操作类、维护类和记事类。其中操作类的记录有调度命令记录、站内操作记录、短路接地线刀闸拆除拉开记录、短路接地线刀闸装设合上记录、解锁钥匙使用记录和解锁钥匙归还记录。变电运行日志中所涉及的各记录由相应的有人值守变电站、集控站、操作队负责填写。维护类的记录有有人值守站故障记录、维操队故障记录、监控中心事故障碍记录、开关跳闸记录、设备缺陷记录、防小动物措施记录、设备测温记录、避雷器动作检查记录、蓄电池检查记录、监控系统巡视检查记录、设备巡视检查记录、收发信机测试记录、压力测试记录、电量/负荷记录、过负荷记录和设备清扫记录。记事类的记录有反事故演习记录、运行分析记录、培训记录、安全活动记录及其他工作记录。

3) 缺陷管理

生产管理系统缺陷管理模块以设备台账为基础,涵盖了设备缺陷从登记上报、审核定性、消缺安排、消缺登记直至消缺验收的全过程管理。系统中缺陷管理按照专业类型分为变电缺陷、输电缺陷(输电架空线路缺陷、输电电缆线路缺陷)和配电缺陷。系统提供缺陷登记管理、缺陷流程审核管理、缺陷消缺记录以及配套的查询统计等功能。

电网设备缺陷包括运维人员在日常运行工作中(如设备巡视、运行监视、设备操作和测试维护等工作)发现的缺陷,专业人员在设备修、试、校工作中(如设备试验不合格)发现的缺陷,以及其他人员在进行监督性检查、巡视过程中发现的缺陷。针对缺陷的不同来源,系统相应地在运行、检修、检测、故障记录等多个模块提供登记缺陷的入口,方便登记缺陷。

缺陷管理流程涵盖缺陷登记、缺陷审核、消缺安排、消缺登记、消缺验收等环节,系统工作流平台提供灵活的、可由各网省公司根据现场实际业务进行配置的审核流程。如果消缺工作需要派发工作任务单或是安排计划,可在消缺安排环节直接添加任务单或是放入任务池后安排计划进行消缺,可见缺陷管理流程可根据实际情况灵活选择,以满足不同的业务需求。对于发现后及时处理的危急缺陷,在缺陷登记环节可直接登记修试记录并归档处理;对于严重和一般缺陷,需要启动缺陷流程,在缺陷流程中通过排入任务池或开工作任务单处理的方式,最终完成缺陷闭环管理;对于外单位消缺的缺陷,可以在缺陷流程中直接完成消缺、验收等工作。

4) 两票管理

生产管理系统两票管理包括工作票、操作票流程管理与两票查询统计等功能,是"SG186"生产管理系统重要组成模块之一,它的正确应用是电力系统安全生产的重要保障。生产管理系统工作票管理实现了工作票的网络化填写、签发、接收、许可、存档、查询统计、评审及转典型功能。操作票管理模块实现了操作票的网络化填写、回填、存档、查询统计、评审及转典型功能,极大减轻了烦琐的人力工作负担,提高了工作效率,强化了写票、审批的规范性。在权限管理方面,系统在菜单权限的基础上综合考虑了两票管理的业务特殊性,为两票"三种人"以及票评审权限提供单独授权管理。

1.4.3 变电站综合自动化

变电站综合自动化系统将变电站的二次设备(包括控制、信号、测量、保护、自动装置及远动装置等)利用计算机技术、现代通信技术,经过功能组合和优化设计,执行自动监视、测量控制和协调,是自动化和计算机、通信技术在变电站领域的综合应用。变电站综合自动化系统所能完成的主要功能包括数据采集、继电保护、参数监测、运行控制、事件记录、事故报警等。变电站综合自动化收集较为齐全的数据和信息,通过计算机的高速计算能力和判断功能,可以方便地监视和控制变电站内各种设备的运行及操作。变电站综合自动化具有功能综合化,设备、操作、监视微机化,结构分布分层化,通信网络光纤化及运行管理智能化的特征。它的出现为变电站的小型化、智能化、扩大监控范围及变电站安全、可靠、优质、经济运行提供了现代化的手段和基础保证。它的应用为变电站无人值班提供了强有力的现场数据采集及监控支持。

1. 变电站综合自动化技术的优越性

变电站综合自动化技术的优越性主要体现在以下几方面。

(1) 提高供电质量,提高电压合格率。由于在变电站综合自动化系统中包括电压、无功自动控制功能,因此对于具备有载调压变压器和无功补偿电容器的变电站,可以大大提高电压合格率,保证电力系统主要设备和各种电气设备的安全,使无功潮流合理,降低网损,节约电能损耗。

(2) 提高变电站的安全、可靠运行水平。变电站综合自动化系统中的各子系统绝大多数都是由微机组成的,它们多数具有故障诊断功能。除了微机保护能迅速发现被保护对象的故障并排除故障外,有的自控装置还兼有监视其控制对象工作是否正常的功能,发现其工作不正常时及时发出告警信息。更为重要的是,微机保护装置和微机自动装置具有故障自诊断功能,这是当今的综合自动化技术比常规的自动装置或四遥装置突出的特点,这使得采用综合自动化系统的变电站一、二次设备的可靠性大大提高。

(3) 提高电力系统的运行、管理水平。变电站实现自动化管理后,监视、测址、记录抄表等工作都由计算机自动进行,既提高了测量的精度,又避免了人为的主观干预,运行人员只要通过观看屏幕,对变电站主要设备和各输、配电线路的运行工况和运行参数便一目了然。综合自动化系统具有与上级调度通信功能,可将检测到的数据及时送往调度中心,使调度员能及时掌握各变电站的运行情况,也能对它进行必要的调节与控制,且各种操作都有事件顺序记录可供查询,大大提高了运行管理水平。

(4) 缩小变电站占地面积,降低造价,减少总投资。变电站综合自动化系统由于采用了微型计算机和通信技术,可以实现资源共享和信息共享,同时由于硬件电路多数采用大规模集成电路,结构紧凑、体积小、功能强,与常规的二次设备相比,可以大大缩小变电站的占地面积,而且随着微处理器和大规模集成电路的不断降价,微型计算机性能/价格比逐步上升,发展的趋势是综合自动化系统的造价会逐渐降低,而性能和功能会逐步提高,因而可以减少变电站的总投资。

(5) 减少维护工作量,减少值班员劳动,实现减人增效。由于综合自动化系统中各子系统有故障时能自检出故障部位,缩短了维修时间。微机保护和自动装置的定值又可在线读出检查,可节约定期核对定值的时间,而监控系统的抄表、记录自动化,值班员不必定时抄表、记录,可实现少人值班,如果配置了与上级调度的通信功能,能实现遥测、遥信、遥控、遥调,则完全可实现无人值班,达到减少增效的目的,提高劳动生产率,同时也减少了人为误操作的可能。

2. 变电站综合自动化的结构形式

变电站综合自动化系统的结构模式主要有集中式、分布式和分布分散式结构。

1) 集中式结构

集中式一般采用功能较强的计算机并扩展其 I/O 接口,集中采集变电站的模拟量和数字量等信息,集中进行计算和处理,分别完成微机监控、微机保护和自动控制等功能。集中式结构也并非指只由一台计算机完成保护、监控等全部功能,多数集中式结构的微机保护、微机监控和与调度等通信的功能也是由不同的微型计算机完成的,只是每台微型计算机承担的任务不同。例如,监控机要担负数据采集、数据处理、断路器操作、人机联系等多项任务;要担负微机保护的计算,可能一台微机要负责多回路低压线路的保护等。

集中式结构的主要特点有:

(1) 能实时采集变电站各种模拟量、开关量,完成对变电站的数据采集和实时监控、制表、打印、事件顺序记录等功能。

(2) 完成对变电站主要设备和进、出线的保护任务。

(3) 结构紧凑、体积小,可大大减少占地面积。

(4) 造价低,尤其是对 35kV 或规模较小的变电站更为有利。

(5) 实用性好。

集中式结构的主要缺点有:

（1）每台计算机的功能较集中，若一台计算机出故障，影响面大，因此，必须采用双机并联运行的结构才能提高可靠性。

（2）软件复杂，修改工作量大，系统调试烦琐。

（3）组态不灵活，对不同主接线或规模不同的变电站，软、硬件都必须另行设计，工作量大。

（4）集中式保护与长期以来采用一对一的常规保护相比，不直观，不符合运行和维护人员的习惯，调试和维护不方便，程序设计麻烦，只适合于保护算法比较简单的情况。

2）分布式结构

该系统结构的最大特点是将变电站自动化系统的功能分散给多台计算机来完成。分布式模式一般按功能设计，采用主从 CPU 系统工作方式，多 CPU 系统提高了处理并行多发事件的能力，解决了 CPU 运算处理的瓶颈问题。各功能模块（通常是多个 CPU）之间采用网络技术或串行方式实现数据通信，选用具有优先级的网络系统较好地解决了数据传输的瓶颈问题，提高了系统的实时性。分布式结构方便系统扩展和维护，局部故障不影响其他模块的正常运行。该模式在安装上可以形成集中组屏或分层组屏两种系统组态结构，较多地使用于中、低压变电站。

3）分布分散（层）式结构

分布分散式结构系统从逻辑上将变电站自动化系统划分为变电站层（站级测控单元）和间隔层（间隔单元）两层，也可分为变电站层、通信层和间隔层。

该系统的主要特点是按照变电站的元件、断路器间隔进行设计。将变电站一个断路器间隔所需要的全部数据采集、保护和控制等功能集中由一个或几个智能化的测控单元完成。测控单元可直接放在断路器柜上或安装在断路器间隔附近，相互之间用光缆或特殊通信电缆连接。这种系统代表了现代变电站自动化技术发展的趋势，大幅度地减少了连接电缆，减少了电缆传送信息的电磁干扰，且具有很高的可靠性，比较好地实现了部分故障不相互影响，方便维护和扩展，大量现场工作可一次性地在设备制造厂家完成。

1.5 输配电生产管理信息化

配电生产管理系统与我们的生活息息相关，主要为供日常社会生产运行提供服务，在我们生活的各个角落都有输配电生产管理系统的运作或者是涉及，做好输配电生产管理系统的相关工作，就是保证我国社会的稳定。

输配电生产管理信息系统是应用现代的计算机技术、图形、自动化、通信技术等技术手段对电网进行在线与离线的智能化管理，使得电网处于安全、可靠、优质、经济高效的运行状态，更好地满足用户的电能需求，是促进服务创新、管理创新、技术创新和建成国际一流的现代化电网的基础和重要保证。

20世纪90年代初期，国际上出现了配电管理系统的概念。我国也随之开展了这方面的研究与应用工作，随着相关技术的发展，配电管理系统逐步纳入统一的配电自动化系统的概念中。

中国电机学会城市供电专业委员会起草的《配电系统自动化规划设计导则》对配电系统自动化给出了明确的定义。所谓配电系统自动化，是利用现代电子、计算机、通信及网络技术,将配电网在线数据和离线数据、配电网数据和用户数据、电网结构和地理图形进行信息集成,构成完整的自动化系统,实现配电网及其设备正常运行及事故状态下的监测、保护、控制、用电和配电管理的现代化。

1.5.1 输配电生产管理信息化系统总体框架

1. 输配电生产管理信息化建设的目标

输配电生产管理系统的建设目标是:在地理信息系统(GIS)上建立电力公司的输配电生产管理信息平台,建立完整完善的生产运行管理系统,通过先进的计算机、网络、通信等信息技术,结合电力公司 ERP 系统,有效地整合电力公司生产运行管理资源;对企业内部,为提高生产运行效率、提高生产运行管理水平以及科学有效的决策提供服务;对企业外部,为提高用户服务质量、树立良好的社会形象服务,最终为电力公司实现其发展目标提供有力的支撑。为此,要完成好如下工作。

(1) 建立完整的输配电生产管理系统,实现生产各部门、各单位之间的生产信息共享和交换,为生产指挥提供强有力的支持,为领导决策提供更有效的信息服务,从而提高工作效率和企业整体素质,实现管理的现代化。

(2) 通过生产业务运行流程的标准化、规范化,建立生产业务运行流程的网络化管理系统,实现关键业务的网络流程化管理。

(3) 有效地利用各种信息,为各级管理人员提供及时的综合信息和辅助决策信息,从根本上提高管理水平,创造更多的经济效益。

(4) 建立开放的、具有良好可扩充性的信息数据平台,满足不断变化的生产运行管理需要。

(5) 建立与 ERP 和电力营销等主要信息系统的接口,充分整合现有信息资源,为生产运行管理服务。

2. 输配电生产管理信息化基本结构框架

输配电生产管理涵盖了对设备档案及运行、检修、计划等信息的管理。建立生产管理信息系统可以实现对变电站内相应设备的信息统计分析与查询,并可帮助运行班、检修班等各个班组进行日常的资料整理工作,及计划编制人员制定生产、管理计划和各种计划的跟踪执行情况,使得电网企业的各种生产运行信息及计划状况能够及时准确地反映在系统中。

输配电生产管理系统的基础结构框架如图 1-6 所示。

(1) GIS 基础信息平台部分。该部分是输配电生产管理系统的基础支撑部分,包含了数据、图形信息的集成平台环境。

(2) 应用系统部分。该部分是建立在基础平台之上的各具体功能应用子系统,从功能上可分为输电管理系统和配电管理系统两大体系。在输、配电管理共同的功能基础上,结合电压等级的不同有其各自的应用侧重和功能衍生。

(3) 接口系统部分。是与其他数据源相结合而建立的复合子系统,或完成数据交换的接口系统。这些接口包括与 SCADA/EMS、GPS、电力营销系统等的接口。

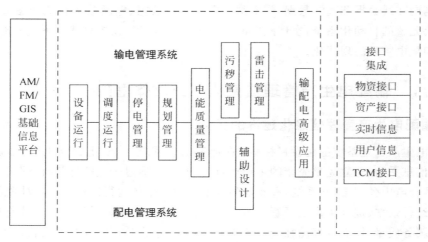

图 1-6 系统基础结构框架

1.5.2 输变电管理信息化

地理信息系统(GIS)是集计算机科学、地理学、测绘学、环境科学、经济学、空间科学、信息和管理科学于一体的一门跨学科的新兴边缘学科,它是以地理空间数据库为基础,在计算机硬、软件环境的支持下,对空间数据进行采集、管理、操作、分析、模拟和显示,适时提供空间和动态的地理信息。GIS 系统由于其强大的数据分析和空间分析功能,已被应用于电力系统中与空间信息密切相关的各个方面。结合目前电力企业中已经存在的 MIS 系统和一些独立的自动绘图(automatic mapping,AM)/设备管理(facility management,FM)系统,利用 GIS 系统开发功能更强大的 AM/FM。即电力 GIS 系统,已经成为电力行业自动化系统当前的新兴研究领域之一。

1. 输变电管理子系统的功能和服务范围

输变电图形信息管理系统(PTDGIS)是综合利用计算机图形技术、数据库技术、计算机网络技术开发出的一套现代化供电生产管理计算机系统。它为供电生产的管理、调度、设计、维护等工作提供方便、直观的工具,从而提高供电工作效率,降低生产管理费用。PTDGIS 主要由生产技术管理子系统、调度子系统、运行维护子系统和系统信息录入维护四部分组成,其结构如图 1-7 所示。

2. 输变电设备管理内容

1)变电站设备管理

变电设备管理包括变压器设备台账监管、变压器设备查询、变压器设备汇总统计、变压器设备相关联信息查询等。

2)输电设备管理

输电设备管理包括输电设备台账监管、输电设备查询、输电设备汇总统计、输电设备相关信息关联查询等功能。

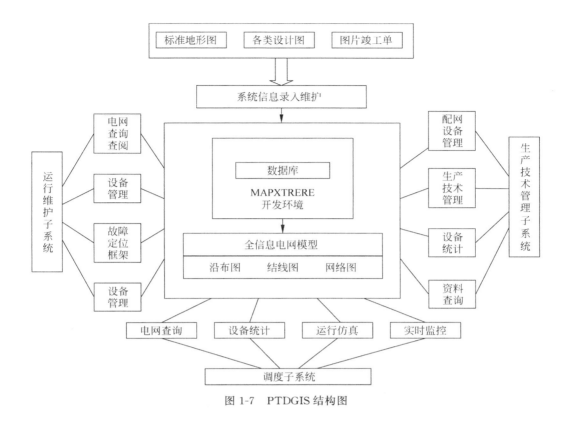

图 1-7 PTDGIS 结构图

3. 输变电运行管理内容

1) 输变电运行管理

输变电运行管理包括设备变更管理、停运管理、变压器运行管理、断路器操作管理、断路器开断管理、故障管理、负载管理评价管理等。

2) 输电运行管理

输电运行管理包括输电线路变更管理、停运管理、断路器操作管理、污秽管理、防雷管理、故障管理、负载管理、评价管理。

4. 输变电具体功能分析

1) 变电设备管理功能分析

(1) 设备单元管理提供设备单元的编辑、管理、查询统计等功能。变电站内设备众多，通常按其中的主要设备划分为若干单元进行管理和维护(如开关单元、变压器单元等)，每个单元包括多个相关的设备，如图 1-8 所示。

(2) 设备台账管理提供设备台账信息的编辑、管理、查询等功能。设备类别包括变压器、断路器、隔离开关、母线、电容器、电抗器、耦合电容器、避雷器、消弧线圈、阻波器、全封闭组合电器、直流电源、按地网、消防系统等，如图 1-9 所示。

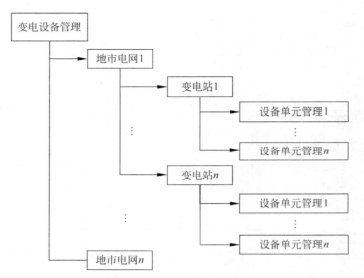

图 1-8　设备单元管理示意图

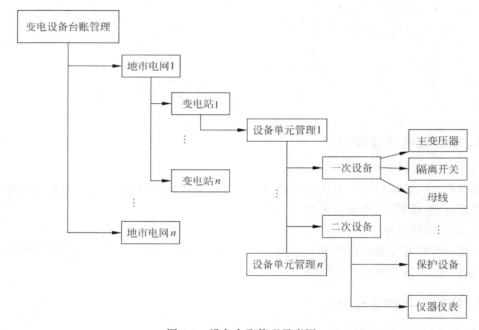

图 1-9　设备台账管理示意图

（3）设备履历管理提供设备履历信息的编辑、管理和查询功能。设备履历管理记录了设备的整个生命周期，包括安装记录、投运记录、变更记录和退役报废记录等。

（4）变电站图形管理包括了厂站结构线路图、全网图管理、全景图管理和变电站监控。

（5）相关统计查询以变电运行管理为主，把巡视、检修、缺陷处理等信息串联在设备管理信息上，实现对生产设备的全过程动态化管理，如图 1-10 所示。

2）输电设备管理功能分析

（1）线路台账管理：提供线路设备台账信息的编辑、管理、查询功能。设备类型包括架

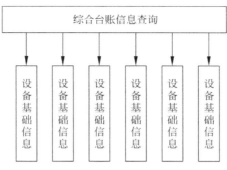

图 1-10 统计查询系统图

空线路(35kV 及以上)、电缆线路(35kV 及以上)以及各种附属设施。架空线路附属设施包括扩杆塔、导线、地线、绝缘子、金具、防震锤、避雷器等。电缆附属设施包括电缆头、电缆中间件、电缆避雷器、电缆井等。架空线路管理及电缆线路管理示意图如图 1-11 和图 1-12 所示。

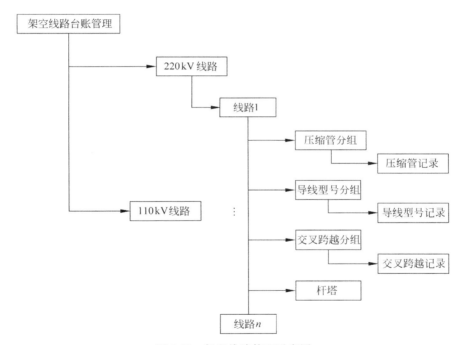

图 1-11 架空线路管理示意图

(2) 线路履历管理：提供设备履历信息的编辑、管理和查询功能。线路履历管理记录了线路及其附属设施的整个生命周期状态，内容包括安装记录、投运记录、变更记录和退役报废记录。

(3) 全网接线图：根据地理接线图，形成输电网的全网一次接线图。在电网异动时，保留历史接线图，自动保存线路异动前后的接线情况，形成电网历史异动变迁图。

(4) 线路相位图：主要体现线路接线方式、电源点、导线三相及其换位情况，着重区分标示换位杆塔。

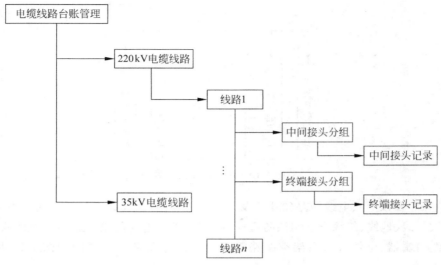

图 1-12　电缆线路管理示意图

(5) 线路剖面图：以数字高程为基础，结合杆塔高度、挡距、弧垂等信息，自动生成线路走向剖面图，可直观体现线路杆塔的地形走势分布。

(6) 相关统计查询：以输电设备信息为核心，以输电运行管理为主线，把巡视、检修、缺陷处理等信息串联在设备管理信息上。

3) 变电站运行管理功能分析

(1) 运行日志/运行记录管理：提供运行日志/运行记录的编辑、管理、查询统计等功能，如图 1-13 所示。

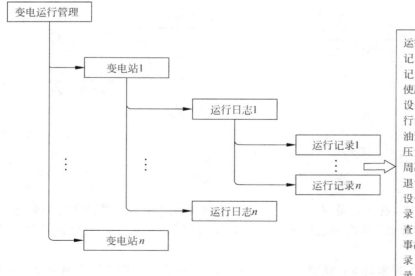

图 1-13　运行日志/运行记录管理示意图

变电站运维人员将当班的工作情况以流水账的形式写入当班运行日志,并将具体工作内容写到运行记录各相关工作簿中。运行日志的内容包括刀闸操作、事故异常、定期切换实验记录、交接班记录、事故记录、巡视记录、移交记录、运行方式记录和运行记事。运行记录的内容包括安全记录、避雷器动作记录、避雷器漏电流记录、变压器分接头调整记录、电容器投切记录、高频保护通道测试记录、解锁钥匙使用记录、开关跳闸记录、设备测温记录、设备修试记录、蓄电池测量记录、主变在线监测记录和工作票记录等。

(2) 变电设备评价管理:提供设备评价工作流程管理、设备评价评分管理。设备评价是进行设备运行管理、了解设备技术状态、督促消除设备缺陷和进行设备周期维护的管理手段。设备评价每季度一次,分三个层次进行评价,分别是班组、工区(县、分局)和市局级。

(3) 变电设备变更管理:包括设备投运管理、设备退役管理、设备报废管理和设备变动管理,其中设备变动管理为变电站内退役的设备调往其他部门,分为设备调拨和设备异动两种。

(4) 设备异动管理:分两部分功能,第一部分是设备异动申请,第二部分是移动竣工报验。

(5) 变电运行统计查询:包括变电站评价统计、变电站定级报表、变电站设备管理月报、变电站运行月报、变电站设备完好率、电容器投切率、变电设备统计、设备事故故障查询、检修周期查询、带电作业汇总和操作次数统计等。

4) 输电管理运行分析

(1) 线路运行管理:线路运行分析记录包括单位名称、类型、日期、专题、参加人员、主持人、地点、原始资料、份数、页数、主要意见、分析结论、附页总数、记录人、备注,如图 1-14 所示。

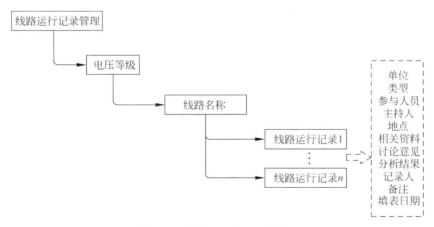

图 1-14 线路运行记录管理示意图

(2) 线路巡视管理:提供架空线路巡视记录、电缆线路巡视记录的管理、编辑与查询功能。线路巡视记录的内容包括电压等级、其实杆号、终止杆号、巡线人、存在缺陷、记录人、备注等,如图 1-15 所示。

(3) 线路评价管理:提供设备评价工作流程管理、设备评价评分管理。线路评价是进行线路运行管理、了解线路技术状态、督促消除线路缺陷和进行线路周期维护的管理手段。

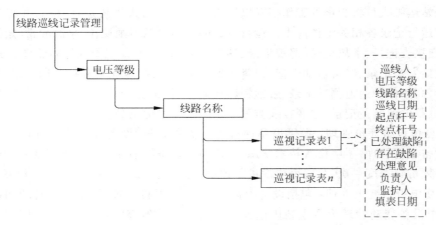

图 1-15　线路巡视记录管理示意图

线路评价分三级：输电工区对线路进行初评，市局审定评价结果，报省级审核。

（4）线路测试管理：提供线路及其各类附属设施的测试记录的管理、编辑与查询功能。架空线路测试管理如图 1-16，电缆线路测试管理如图 1-17 所示。

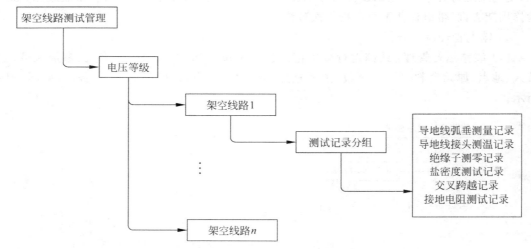

图 1-16　架空线路测试管理示意图

（5）架空线路测试管理内容包括导地线弧度测量记录、导地线接头测温记录、绝缘子测零记录、盐密度测试记录、交叉跨越测量记录、接地电阻测量记录、隐蔽工程检查记录、防洪点监视记录。

（6）电缆线路测试管理包括电缆线路的避雷器测试记录、交联电缆测试记录、电缆线路接地电阻测试记录、油纸电缆测试记录。

（7）线路走廊管理：实现隐患登记、班长确认、专责审核、隐患审批、隐患处理、隐患留档等的流程管理。

（8）线路防污管理：包括绝缘子故障记录、绝缘子劣化统计分析记录、污秽区域等级划分、线路污闪记录、线路清扫记录等，如图 1-18 所示。

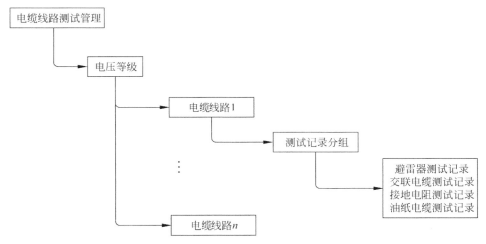

图 1-17　电缆线路测试管理示意图

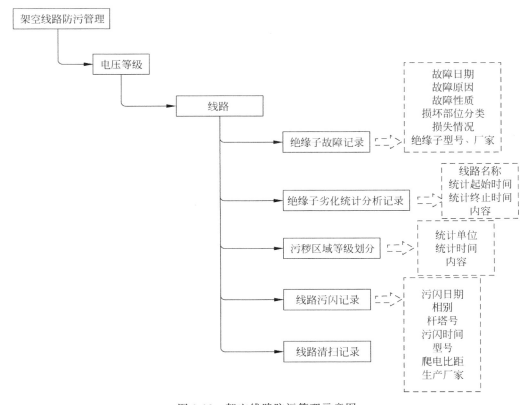

图 1-18　架空线路防污管理示意图

（9）线路防雷管理：主要内容为架空线路落雷报告和电缆线路落雷报告，如图 1-19 所示。

（10）线路设备变更管理：包括线路设备投运管理、线路设备故障变迁（线路异动、线路合并、塔杆移动等）、线路设备退役管理、线路报废管理。

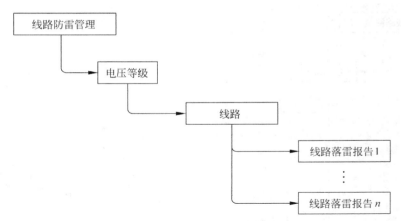

图 1-19 架空/电缆线路防雷管理示意图

5．GIS 在输变电工程中的应用

从输变电线路的规划、设计、施工到运行后的维护和管理是一个漫长的过程,要设计成百上千千米的空间图形及相关的属性数据,需要专门的设备和技术辅以实现。输变电 GIS 是地理信息系统技术在输变电工程管理方面的实用性系统,是在地理背景图上对输变电区域内的各种地理信息以及各种杆塔参数、电力设备等进行综合分析和管理的系统,以辅助电网的规划、设计、施工、运行管理和科学决策。

（1）规划管理。规划部门在基础地形数据库和相关的专题数据库的基础上,可利用 GIS 进行线路或电网的规划,并初步统计该线路的各种经济、技术指标,从而确定选线的可行性。

（2）工程设计。在规划成果的基础上,进一步完善空间数据库,形成以三维地面模型为载体的各种专业的详细数据库,使设计部门能实时、方便地获取丰富、详细的定量和定性的数据,从而有助于进行选线和自动排位,并将设计数据入库。

（3）工程施工。在施工阶段,可以准确、快速地从设计成果中获取有关设计数据、交通情况等指标,并可以进行工程的监督,把握施工进度。同时还可以将施工的数据采集入库,为电网的运行维护和管理提供支持。

（4）运行维护。由于系统中已经建立了基于实际地理位置的电网空间数据库(如线路走向图、杆塔分布图、交叉跨越等)和属性数据库以及相关的技术资料,在运行管理阶段可以依据这些实际数据和电网运行的数据,进行管理和分析,为电网调度和决策提供服务。

1.5.3 配电管理信息化

1．配电管理子系统的功能及其服务范围

地理信息系统可以解决现有应用系统和管理中存在的问题,提高企业服务质量、管理和决策水平,提升企业核心竞争力,以创造更大的经济效益。详细地说,配电 GIS 应具有以下功能。

(1) 提高电网管理的自动化程度,改变落后的人工方式,满足电力用户对配电网络供电可靠性、电能质量、工作效率和优质服务方面的要求。

(2) 在地理图上直观地反映电网中的设备、负荷及用户的分布情况,模拟电网的实际运行情况,并在地图上直接对线路、设备和用户等需要的数据资料进行查询和统计,将结果形象、直观地在地图上表示出来,能自动生成专题地图。

(3) 提供强大的地图绘制和处理功能,可由线路图自动生成各种专题图,使得图形信息能够及时更新,保证数据的准确、完整和一致性。

(4) 提供强大的电网运行管理分析和优化工具,保证电网安全、经济运行,加快报装、保修和抢修响应速度,提高工作效率和服务质量。

(5) 构建一个数据交换和信息共享的平台,将现有的孤独的应用系统进行有效整合,为决策层、管理层和业务层提供及时、准确、全面的信息服务。

配电生产管理信息系统的实现以配电网管理为基础,采用先进的计算机和通信手段,并利用 AM/FM/GIS(自动绘图/设备管理、地理信息系统)技术,建造一系列配电网络科学化管理的模型,用于配电网络的管理。

2. 配电设备管理

配电设备管理包括配电设备台账管理、配电设备查询管理、配电设备汇总统计、配电设备相关信息关联查询等功能。配电设备台账管理提供各类配电设备的编辑、维护功能,设备类别包括架空类、电缆类、站房类和站内设备四大类。架空类设备包括杆塔、导线、变压器、串联设备(开关、隔离开关)、辅助类设备(避雷器、故障显示器)、路灯等。电缆类设备包括电缆埋设、电缆埋管、电缆埋设防护墙、电缆井、电缆路径、电缆中间接头等。站房类设备包括变压器、开关站、配电站、开闭所、配电室、箱式变压器、环网柜、电缆分支箱、低压动力箱、表箱、计量箱、电表、高压用户。站内设备包括变压器、熔断器、隔离开关等。配电设备查询以单位、变压等级、制造厂家、投运日期、型号、容量等为条件。另外还有配电设备汇总统计、配电设备相关信息关联查询。

3. 配电运行管理

配电运行管理包括分界管理、设备变更统计分析、停运统计分析、停电统计分析、设备负载统计分析和设备评价统计分析等。备变更统计分析按单位、电压等级、变更类别、设备类别等分类统计配电设备的新投、退运、技改等方面的信息,统计的设备种类包括变压器、电抗器、电容器、线路及其附属设施等,统计数据主要包括变更设备数量和同比数据等。停运统计分析按单位、电压等级、停运原因、责任、性质等分类统计配电设备停运方面的信息,停运性质包括计划、非计划和强迫。统计数据主要包括停运的次数、容量、停运原因、停运率和同比数据,并包括与此相关的跳闸数据,如跳闸次数、跳闸容量、跳闸率和同比数据。设备停电统计分析按单位、电压等级、停电类别、性质、原因等分类统计配电设备停电方面的信息,统计数据主要包括次数、户数、停电时间、缺供电量等。断路器动作统计分析按单位、电压等级、动作类别等分类统计断路器动作方面的信息,统计数据主要包括切除故障操作次数、正常操作次数、调试操作次数、总操作次数等。设备负载统计分析通过收集到的配电自动化系统实时数据,依据配电设备额定载流值,统计分析配电设备的负载运行情况。设备评价统计分析按单位、评价级别等分类统计各类配电设备的评价信息,统计数据主要包括完好(Ⅰ级)、较好(Ⅱ级)、注意(Ⅲ级)三个等级下的设备数量和批次、设备完好率等。

4. 配电具体功能分析

(1) 评价管理。建立专家自动评价模型,包括配电设备的评价模型、评价标准,根据专家知识、经验以及设备的缺陷自动评价设备或一个整体。

(2) 异动管理。对配电设备的变更,实现异动录入—异动审核—移动审批—异动发布—异动存档的闭环流程管理。

(3) 缺陷管理。实现从缺陷的发现到消缺的全过程闭环管理,包括缺陷的上报登记、记录各级领导的处理意见、缺陷的消缺处理等过程,消缺业务流程可转入检修业务流程。

(4) 巡视管理。提供基于责任片区和巡视模板的结合模式,实现制定巡视计划—审核巡视计划—执行巡视计划(发现缺陷将设备转入缺陷记录)—整理归档的闭环流程管理;系统提供年度、季度、月度及周巡视计划的制定功能,同时提供特殊巡视的制定功能。

(5) 故障管理。系统录入故障记录—班组抢修(发现缺陷将设备转入缺陷记录,需要异动转入异动记录)—审核分析故障原因—整理归档的闭环流程管理。

(6) 工程管理。系统实现了从工程设计—工程施工—工程验收整个配电工程建设的流程化管理功能。从工程设计阶段起系统提供工程设计图生成及编辑功能,整个设计图随工程施工流程流转。

(7) 备品备件管理。主要有备品分类管理、备品领用管理、备品外调/报废/淘汰管理、备品定额管理、备品补充管理、备品需求计划管理和备品查询统计。

(8) 安全工器具管理。提供安全帽、安全带、安全绳、接地线、高压验电器、绝缘杆、绝缘板、绝缘手套、绝缘靴,还有带电显示装置、误入带电间隔报警装置和安全标志等安全工器具的领用、登记管理等。

(9) 设备退役管理。提供对设备台账历史信息管理功能,提供设备退役原因及时间的记录功能;通过对设备台账历史信息进行分析查询统计形成报表,对部分设备的部分历史信息进行分析作为设备更迭和设备购置需求依据。提供历史设备模拟定位的功能,再现历史电网模型。

5. GIS 在配电系统中的应用

配电系统是电力系统实现优化供电,实现将电能合理分配并供给电力客户的重要环节。配电网是当前和未来电网建设的热点,无论是大型或中小型城市、农村,都把配电网规划、建设和改造列入工作重点。随着配电网建设改造的实施,配电网越来越复杂,同时电力企业的体制改革也要求电力企业必须加强管理、提高效益,必须及时响应客户需求,提高售电量。依靠过去传统的人工管理或者传统的信息管理技术,已经不能适应电力企业管理需要,由此利用 GIS 技术实现配电系统管理应运而生。它是一个利用地理信息系统技术,结合配电网管理实际,对配电网的配电设备(如配电变压器、开闭所、配电线路、杆塔等设备)进行综合管理的系统,可以将 AM/FM 所提供的准确的、报新的设备信息和空间信息与配电网实时运行状态信息有机地结合起来,有效地改进电力分配和紧急情况下的调度以及用于日常维护与抢修服务等,提高调度员与设备维护人员了解系统情况与处理故障的能力。GIS 的引入使得网络拓扑和配电网信息更直观、更便于运行管理。

(1) 设备管理。对馈线(线路)进行统一管理;按属性进行统计和管理;对所有的设备进行图形和属性指标的录入、编辑、查询和定位等;能描述配电网的实际走向和布置。

(2) 配电网规划及辅助设计。包括杆塔定位设计,架空线和电缆选线设计,变压器、高压客户、断电器、变电站及各类附属设施的定位设计。

(3) 电网拓扑。进行自动绘图,并在拓扑图中反映整个电网的实时信息;将遥测、遥信的实时数据以图形方式显示;可实现停电管理、调度挂牌、事故处理、运行监视及 WEB 查询管理;可实现图形与数值交叉查询。

(4) 电网分析。可通过与 SCADA 系统的动态链接,反映实时信息,自动生成地理位置接线图,显示 SCADA 实时数据;通过与 SCADA 系统接口,实现实时潮流计算和网络线损计算;负荷管理高级应用功能还包括状态估计、负荷预测、配网重构、短路电流分析、无功优化及降损决策、提供理论和统计线损计算模型、进行配电网监视和拓扑结构分析、对线路故障和故障停电等自动作出分析和处理等。

(5) 客户投诉电话管理(故障报修)。可将客户的故障投诉请求及处理情况直观反映在 GIS 上,便于制定快速、准确的抢修方案。

(6) 客户管理。对台区客户信息进行管理,如客户数量及其分布、客户名称、用电地址、用电性质、用电量、最大负荷等。

习题

1. 简述我国电力企业信息化建设的发展历程。
2. 当前我国电力企业信息化建设中存在哪些问题?
3. 试述电力企业信息化建设的发展方向。
4. 电力调度中心的作用有哪些?
5. 电力调度中心主要信息系统主要包括哪些子系统?
6. 发电企业信息化包括三个层面的含义是什么?
7. "数字化电厂"的含义是什么?
8. 从结构上划分,DCS 包括哪些?
9. 变电站综合自动化系统所能完成的主要功能有哪些?
10. 生产管理系统主要由哪些子系统组成?
11. 输配电生产管理系统的建设目标是什么?
12. GIS 在输变电系统中的作用有哪些?
13. GIS 在配电系统中的作用有哪些?

第 2 章

决策支持技术简介

2.1 决策支持分析工具简介

决策支持分析技术的主要内容是数据挖掘和数据仓库。数据挖掘软件的历史并不长,甚至连"数据挖掘"这个术语也是在 19 世纪 90 年代中期才正式提出的。如今,商用数据挖掘软件和开源工具都已经非常成熟,不仅提供易用的可视化界面,还集成了数据处理、建模、评估等一整套功能。部分开源的数据挖掘软件,采用可视化编程的设计思路。之所以这么做,是因为它能足够灵活和易用,更适合缺乏计算机科学知识的用户,如 WEKA 和 RapidMiner。当用户拥有较多特定的分析需求,或正在自行实现一个改进的机器学习算法时,脚本型语言如 R 和 Python 将更符合需要。同时,脚本型语言兼具运行效率和开发效率,支持敏捷型的迭代更新。

2.1.1 WEKA

WEKA 的全称是怀卡托智能分析环境(Waikato environment for knowledge analysis)。WEKA 作为一个公开的数据挖掘工作平台,集合了大量能承担数据挖掘任务的机器学习算法。

2005 年 8 月,在第 11 届 ACMSIGKDD 国际会议上,新西兰怀卡托大学的 WEKA 小组荣获了数据挖掘和知识探索领域的最高服务奖,WEKA 系统得到了广泛的认可,被誉为数据挖掘和机器学习历史上的里程碑,是现今最完备的数据挖掘工具之一。WEKA 的每月下载次数已超过万次。

2014 年 3 月起,新西兰怀卡托大学推出 WEKA 免费网课,课程分为初级和高级两个部分,每个部分时长 5 周。初级课程于 2014 年 3 月 3 日开课,高级课程于 2014 年 4 月下旬开课。课程具体内容参见怀卡托大学网站 WekaMOOC。课程在优酷网站也有专辑。

用 Java 编写的 WEKA 是一款知名的数据挖掘工作平台,它因解决数据挖掘任务的实际需求而生,集成了大量能处理数据挖掘任务的机器学习算法,这些算法能被用户直接应用于数据集之上。同时,WEKA 允许开发者使用 Java 语言,调用其分析组件,基于 WEKA 的架构进行二次开发,融入更多的数据挖掘算法,并嵌入软件或者应用之中,自动完成数据挖掘任务,开发新的机器学习框架。WEKA 支持多种标准数据挖掘任务,包括数据预处理、分类、回归分析、聚类、关联规则等算法的应用,以及特征工程和可视化。

2.1.2 RapidMiner

RapidMiner 是世界领先的数据挖掘解决方案,在一个非常大的程度上有着先进技术,特点是图形用户界面的互动原型。

RapidMiner 的目标是"成为一个能将数据变成宝贵的战略资产的现代平台",它已被广泛使用于商业应用、学术研究、教育、敏捷开发等领域。RapidMiner 是一个支持数据挖掘、文本挖掘、机器学习、商业分析等任务的集成环境。其图形化界面采用了类似 Windows 资源管理器中的树状结构来组织分析组件,提供 500 多种分析组件作为计算单元,服务于数据挖掘的各个环节,如数据预处理、变换、探索、建模、评估及结果可视化。这些计算单元有详细的 XML 文件记录。RapidMiner 是基于 WEKA 二次开发的应用,这意味着它可以调用 WEKA 中的各种分析组件。

2.1.3 R 语言

R 语言是一种为统计计算和图形显示而设计的语言环境,是贝尔实验室的 RickBecker、JohnChambers 和 AllanWilks 开发的 S 语言的一种实现,包含一系列统计与图形显示工具。它是由一个庞大且活跃的全球性研究型社区维护,主要包括核心的标准包和各个专业领域的第三方包,提供丰富的统计分析和数据挖掘功能。R 语言至少拥有以下优势:

(1) 方便地从各种类型的数据源中获取数据;
(2) 高可拓展性;
(3) 出色的统计计算功能;
(4) 顶尖水准的制图功能;
(5) 不断贡献强大功能的开源社区。

它与 Python 同属数据挖掘主流编程语言,而从功能与代码风格的角度来评价,R 与 MATLAB 是最像的。

2.1.4 Python

Python 是一门编程语言。随着 NumPy、SciPy、Matplotlib 和 Pandas 等众多程序库的开发,Python 在科学计算和数据分析领域占据着越来越重要的地位。其中,Python 的 GWPY 模块提供专业的数据分析支持。

Python 是一门简单易学且功能强大的编程语言。它拥有高效的高级数据结构,并且能够用简单而又高效的方式进行面向对象编程。Python 优雅的语法和动态类型,再结合它的解释性,使其在许多领域成为编写脚本或开发应用程序的理想语言。

首先,Python 是一门编程语言。原则上来说,它能够完成 MATLAB 能够做的所有事情,而且在大多数情况下,同样功能的 Python 代码会比 MATLAB 代码更加简洁、易懂;另外,因为它是一门编程语言,所以它能够完成很多 MATLAB 不能做的事情,比如开发网页、开发游戏、编写爬虫来采集数据等。

  Python 以开发效率著称,它致力于以最短的代码完成任务。Python 通常为人诟病的是它的运行效率,而 Python 还被称为"胶水语言",它允许我们把耗时的核心部分用 C/C++ 等更高效率的语言编写,然后由它来"黏合",这很大程度上已经解决了 Python 的运行效率问题。

  本书致力于讲述用 Python 进行决策分析这一部分功能,而这部分功能仅仅是 Python 强大功能中的冰山一角。随着 NumPy、SciPy、Matplotlib 和 Pandas 等众多程序库的开发,Python 在科学领域占据着越来越重要的地位,包括科学计算、数学建模、数据挖掘,甚至可以预见,未来 Python 将会成为科学领域的编程语言的主流。表 2-1 是 2020 年 5 月的 TIOBE 编程语言排行榜(https://www.tiobe.com/tiobe-index/),每月更新一次,由表 2-1 可以看出 Python 在 2019 年 5 月排名第 4,而 2020 年 5 月上升到排名第 3,可见 Python 已经越来越受欢迎。

表 2-1 2020 年 5 月的 TIOBE 编程语言排行榜

2020 年 5 月排名	2019 年 5 月排名	编程语言	使用份额/%	变化情况/%
1	2	C	17.07	2.82
2	1	Java	16.28	0.28
3	4	Python	9.12	1.29
4	3	C++	6.13	−1.97
5	6	C#	4.29	0.30
6	5	Visual Basic	4.18	−1.01
7	7	JavaScript	2.68	−0.01
8	9	PHP	2.49	0.00
9	8	SQL	2.09	−0.47
10	21	R	1.85	0.90
11	18	Swift	1.79	0.64
12	19	Go	1.27	0.15
13	14	MATLAB	1.17	−0.20
14	10	Assembly language	1.12	−0.69
15	15	Ruby	1.02	−0.32

2.2 Python 简介

  Python 的创始人为吉多·范罗苏姆(Guido van Rossum)。1989 年圣诞节期间,在阿姆斯特丹,吉多决心开发一个新的脚本解释程序,作为 ABC 语言的一种继承。Python 是一门跨平台、开源、免费的解释型高级动态编程语言。除解释运行外,Python 还支持伪编译将源代码转换为字节码来优化程序提高运行速度和对源代码进行保密,并且支持使用 py2exe、pyinstaller、cx_Freeze 或其他类似工具将 Python 程序及其所有依赖包打包成扩展名为 exe 的可执行程序,从而脱离 Python 解释器环境和相关依赖库而在 Windows 平台上独立运行;Python 支持命令式编程、函数式编程,完全支持面向对象程序设计,语法简洁清晰,并且拥有大量的几乎支持所有领域应用开发的成熟扩展库。

Python 官方网站同时发行并维护着 Python2.x 和 Python3.x 两个不同系列的版本，目前最新版本分别是 Python2.7.12、Python3.5.2、Python3.7.3。Python2.x 和 Python3.x 这两个系列版本之间很多用法是不兼容的。除了输入输出方式有所不同，很多内置函数及标准库的内部实现和返回值类型也有较大的区别。Python3 对 Unicode 字符的原生支持，Python2 中使用 ASCII 码作为默认编码方式；Python3 采用的是绝对路径进行程序包的导入，Python2 使用相对路径；Python3 使用更加严格的缩进，一个制表符用另一个制表符代替，Python2 的缩进机制中，1 个制表符和 8 个空格等价，制表符和空格共存。由于 Python2 在 2020 年之后官方不再维护，本书选择 Python3 进行介绍，本书所有代码均在 Python3.7.3 上运行调试。

2.2.1 Python 开发环境

Python 是一种脚本语言，它的开发环境用于编译运行 Python 源程序。通过 Python 的解释器可以编译运行 Python 源程序。而 Python IDE（integrated development environment）工具是每个 Python 工程师使用的开发工具。不同的 IDE 有不同的风格，都是对 Python 解释器的封装。

Python 可以从官网 https://www.python.org/ 下载，选出适合用户操作系统的发行版后，按提示一步一步进行安装。

第一步是 Python 核心程序的安装，分为 Windows 和 Linux 介绍；然后介绍一个 Python 的科学计算发行版——Anaconda。

1）Windows

在 Windows 系统中安装 Python 比较容易，直接到官方网站下载相应的 msi 安装包安装即可，和一般软件的安装无异，在此不赘述。安装包还分 32 位和 64 位版本，请读者自行选择适合的版本。

2）Linux

大多数 Linux 发行版，如 CentOs、Debian、Ubuntu 等，都已经自带了 Python 2.x 的主程序，因此并不需要额外安装。

3）Anaconda

安装 Python 核心程序只是第一步，为了实现更丰富的科学计算功能，还需要安装一些第三方的扩展库，这对于一般的读者来说可能显得比较麻烦，尤其是在 Windows 环境中还可能出现各种错误。幸好，已经有人专门将科学计算所需要的模块都编译好，然后打包以发行版的形式供用户使用，Anaconda 就是其中一个常用的科学计算发行版。

2.2.2 Anaconda

一般而言，在用 Python 进行数据分析与挖掘时，会选择 Anaconda。Anaconda 是一个用 Python 进行数据分析与挖掘的环境，包含了数百个最主流的数据科学程序包，使得用户能够快速简便地安装、运行和升级数据分析与挖掘环境。可以从官网 https://www.anaconda.com/ 下载并安装个人版（Individual Edition）。

Anaconda 的特点如下：

(1) 包含了众多流行的科学、数学、工程、数据分析的 Python 包；

(2) 完全开源和免费；

(3) 额外的加速、优化是收费的，但对于学术用途可以申请免费的 License；

(4) 全平台支持：Linux、Windows、Mac；支持 Python 2.6、2.7、3.3、3.4、3.7 等，可自由切换。

下载后运行 Anaconda 的安装程序，操作与大部分软件安装相同。需要注意，Anaconda 默认会自动改写环境变量配置参数，如图 2-1 所示，使得用户可以在任意路径下使用 Python 命令行模式。

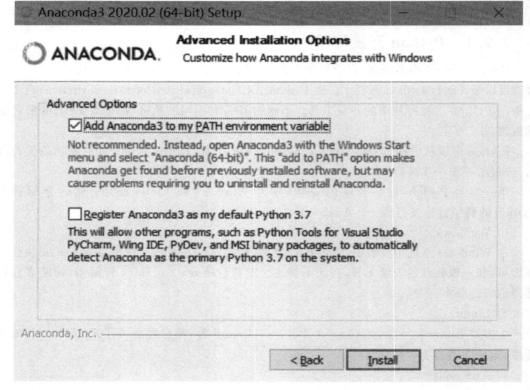

图 2-1　Anaconda 安装界面

Anaconda 环境中默认包含了 Jupyter 组件。Jupyter 是一个开源的网页应用，用户可以创建和分享包含代码、公式、可视化图表和叙述性文字的文档。

2.2.3　Jupyter

安装 Anaconda 后，启动 Jupyter，弹出一个网页显示用户根目录(/home/anaconda)下的所有文件(夹)。可以在该文件夹或任意子文件夹中打开或创建文件，然而不能操作该文件夹以外的其他文件。在右上角点击新建按钮，选择 Python3，创建一个新的 Python 记事本(notebook)。

可以在文本框中输入 Python 代码进行交互式编程，如：

```
import sys
print(sys.version)
```

以上代码可以显示系统版本。点击上方菜单的三角形按钮执行代码,可以看到在代码下方输出相应结果,如图 2-2 所示,显示当前版本是 3.7.3。

图 2-2　Jupyter 环境

2.3　Python 编程基础

2.3.1　语法基础

1. 缩进

Python 使用缩进来表示代码块,而并不使用花括号{}。缩进的空格数是可变的,但是同一个代码块的语句必须包含相同的缩进空格数。以下例子中,每个函数 print() 前都有 4 个缩进空格。如果缩进数与之前不一致,会产生异常。同一层次的缩进量要一一对应,否则报错,如以下代码所示。

```
a = 3
if a > 0:
    print("True")
else:
    print("False")
```

2. 多行语句

Python 语句中一般以新行作为语句的结束符。也可以使用斜杠\将一行的语句分为多行显示,如:

```
total = 1 + \
2 + \
3
```

语句中包含[]、{}或()括号就不需要使用多行连接符。如：

```
days = ['Monday','Tuesday','Wednesday',
'Thursday','Friday']
```

3. 注释

1) 单行注释

单行注释以井号#开头,只在所在行有效。

```
#第一行注释
print("Hello World!")              #第二行注释
```

运行结果为：

```
Hello World!
```

2) 多行注释

多行注释以'''或"""开头和结尾,在其中的部分都是注释。

```
a = 'python'
'''
这句命令的意思是将'python'赋值给a。
a是字符串。
'''
```

4. 同一行显示多条语句

Python可以在同一行中使用多条语句,语句之间使用分号;分割,如：

```
x = 'python'; print(x)
```

运行结果为：

```
python
```

2.3.2 常用数据类型

Python中的常用数据类型主要有数值、字节、布尔、字符串以及时间和日期。

1. 数值型

数值型包括整数型int、浮点型float和复数型complex。

整数型int可以存储任意大的数值,不会溢出。浮点型float可以用小数点或科学计数法表示。还可以用Python进行复数运算。

```
a = 23139871
print(a * * 6)
b = 0.0000678
print(b)
```

```
x = 3 + 4j
y = 5 + 6j
print(x + y)
print(x - y)
print(x * y)
print(x/y)
```

运行结果为：

```
15352022602187962658603227390226273132650 2721
6.78e - 05
(8 + 10j)
( - 2 - 2j)
( - 9 + 38j)
(0.6393442622950819 + 0.03278688524590165j)
```

2. 字符串

使用单引号''或双引号""来写字符串，如：

```
a = 'I like Python'
b = "I use anaconda"
```

对于带换行符的多行字符串，可以使用三引号'''或""""，如：

```
c = """
I like Python.
I like Java too.
"""
```

Python 中的字符串是不可变的，不能直接修改字符串。可以调用字符串的函数修改字符串生成新的字符串，变量 a 的值未修改。

```
d = a.replace('Python', 'Java')
print('a is', a)
print('d is', d)
```

运行结果为：

```
a is I like Python
d is I like Java
```

3. 布尔型

布尔型仅有 2 种取值，即真（True）和假（False），区分大小写，可以和运算符逻辑与（and）和逻辑或（or）结合使用。

```
print(True and True)
print(True or False)
```

运行结果为：

```
True
True
```

4. 类型转换

函数 str()、bool()、int()和 float()用于将输入对象分别转换成字符串、布尔型、整数型和浮点型。

```
s = '3.14159'
fval = float(s)
print(fval, type(fval))
ival = int(fval)
print(ival, type(ival))
```

运行结果为：

```
3.14159 <class'float'>
3 <class'int'>
```

数值型转换为布尔型时，0 对应假，其他数值都对应真。

```
print(bool(0.0))
print(bool(-1))
print(bool(3.5))
```

运行结果为：

```
False
True
True
```

2.3.3 字符串操作

1. 字符串对象和切片

Python 中的字符串对象也可以理解为由一系列字符组成的列表。在此介绍的字符串对象的切片方法也同样适用于 Python 的元组和列表等其他数据结构。

使用方括号[]通过元素索引访问元组元素，与访问列表等其他数据结构的元素一致。需要注意的是，与 R 语言不同，Python 的索引从 0 而不是 1 开始。索引也可以是形如[〈起始值〉:〈终止值〉]的形式。需要注意的是，与 R 语言不同，Python 中的切片并不包括索引为〈终止值〉所对应的元素。如[0:1]表示第 1 个元素，[0:2]表示第 1 和 2 个元素。如果省略〈起始值〉或〈终止值〉则表示从第 1 个元素开始或到最后 1 个元素为止。索引还可以使用负整数。需要注意的是，与 R 语言不同，Python 中的负整数索引表示从末尾开始而不是排除。

```
x = 'Thisisastring'
print(x[0])
print(x[2])
print(x[0:1])
```

```
print(x[0:2])
print(x[:2])
print(x[2:])
print(x[-1])
print(x[-4:-2])
```

运行结果为：

```
T
i
T
Th
Th
isisastring
g
ri
```

2．字符串的格式化输出

字符串的格式化输出用于将其他类型数据转换为字符串进行输出，形式为〈格式字符串〉〈待格式化对象〉。表 2-2 列出了常用的格式字符。

表 2-2　字符串常用的格式字符

属　　性	定　　义
%s	字符串(采用 str()的显示)
%r	字符串(采用 repr()的显示)
%c	单个字符
%b	二进制整数
%d	十进制整数
%i	十进制整数
%o	八进制整数
%x	十六进制整数
%e	指数(基底写为 e)
%E	指数(基底写为 E)
%f 或%F	浮点数
%g	指数(e)或浮点数(根据显示长度)
%G	指数(E)或浮点数(根据显示长度)
%%	字符%

以下例子对数字进行八进制和十六进制整数输出。

```
x = 1235
print("%o" % x)         #对数字进行八进制输出
print("%x" % x)         #对数字进行十六进制输出
print("%e" % x)         #对数字进行指数换算
print("%s" % 65)        #格式字符%s将整数转换为字符串
print("%s" % 65333)
print(int('555'))       #调用函数 int()将合法的数字字符串转换为整数
```

```
print(str([1,2,3]))      # 调用函数 str()将任意类型的数据转换为字符串
print(str((1,2,3)))
```

运行结果为：

```
2323
4d3
1.235000e+03
65
65333
555
[1,2,3]
(1,2,3)
```

以下例子中将字符串转换为整数进行输出，产生异常。

```
print("%d" % "555")
```

调用格式字符串的函数 format()将输入对象作格式化字符串输出。此函数可以使用位置进行格式化，还支持使用与位置无关的参数名字进行格式化，且支持序列解包格式化字符串，如以下代码所示。

```
print('{0:.3f}'.format(1/3))      # 数值型对象 1/3 输出时保留 3 位小数
print("Thenumber{0:,}inhexis:{0:#x},inoctis{0:#o}".format(55))      # 对整数进行格式化
position = (5,8,13)
print("X:{0[0]};Y:{0[1]};Z:{0[2]};".format(position))      # 对坐标进行格式化
```

运行结果为：

```
0.333
The number 55 in hex is:0x37,in oct is 0o67
X:5;Y:8;Z:13;
```

3. 字符串常用操作

使用加号运算符＋连接字符串。

```
print("abc" + "def")
```

运行结果为：

abcdef

必须确保加号运算符＋的操作对象都是相同类型，如都是字符串，否则会产生异常。
调用函数 str()将对象转换成字符串类型。

```
print("abc" + str(123))
```

运行结果为：

abc123

调用字符串的函数 split()将字符串按指定分隔符分隔成若干子串，参数 sep 表示分

隔符。

```
x = 'This is a string'
print(x.split(" "))
print(x.split(" ")[-1])
```

运行结果为：

```
['This', 'is', 'a', 'string']
string
```

调用函数 join() 将序列中的元素以指定的字符连接生成一个新的字符串，其中函数的对象表示分隔符，参数表示需要连接的字符串序列。

```
seq = ("a","b","c")
delim = "-"
print(delim.join(seq))
```

运行结果为：

a-b-c

调用字符串的函数 find() 查找子字符串在原字符串指定范围中的首次出现序号，如果不存在则返回 -1，其中

函数的对象表示原字符串；
第 1 个参数 sub 表示子字符串；
第 2 个参数 start 表示指定字符串第一次出现的序号；
第 3 个参数 end 表示指定字符串最后一次出现的序号。

```
s = "apple,peach,banana,peach,pear"
print(s.find("peach"))
```

运行结果为：

6

调用字符串的函数 count() 得到子字符串出现的次数，如果不存在则返回 0。参数同函数 find() 一致。

```
print(s.count("p"))
```

运行结果为：

5

调用字符串的函数 partition() 将字符串按指定分隔符分隔为包含 3 个元素的元组：
分隔符第一次出现之前的字符串；
分隔符字符串；
分隔符第一次出现之后的字符串。

```
print(s.partition(","))
```

运行结果为：

('apple', ',', 'peach,banana,peach,pear')

2.3.4 运算符

1. 数学运算符

表 2-3 是常见的数学运算符。

表 2-3 数学运算符

符 号	运 算	符 号	运 算
+	加法	**	乘方
-	减法	%	取模
*	乘法	//	整除
/	除法		

以下例子使用数学运算符进行运算。

```
x = 15
y = 4
print('x + y = ',x + y)
print('x - y = ',x - y)
print('x * y = ',x * y)
print('x/y = ',x/y)
print('x//y = ',x//y)
print('x * * y = ',x * * y)
```

运行结果为：

```
x + y = 19
x - y = 11
x * y = 60
x/y = 3.75
x//y = 3
x * * y = 50625
```

2. 比较运算符

表 2-4 是常见的比较运算符。

表 2-4 比较运算符

符 号	运 算	符 号	运 算
<	小于	>=	大于或等于
>	大于	==	等于
<=	小于或等于	!=	不等于

以下例子使用比较运算符进行运算。

```
x = 10
y = 12
print('x > y is ', x > y)
print('x < y is ', x < y)
print('x == y is ', x == y)
print('x!= y is ', x!= y)
print('x > = y is ', x > = y)
print('x < = y is ', x < = y)
```

运行结果为：

```
x > y is False
x < y is True
x == y is False
x!= y is True
x > = y is False
x < = y is True
```

3．逻辑运算符

表 2-5 是常见的逻辑运算符。

表 2-5　逻辑运算符

符　　号	运　　算
not	逻辑非
and	逻辑与
or	逻辑或

以下例子使用逻辑运算符进行运算。

```
x = True
y = False
print('x and y is', x and y)
print('x or y is', x or y)
print('not x is', not x)
```

运行结果为：

```
x and y is False
x or y is True
not x is False
```

4．赋值运算符

表 2-6 是常见的赋值运算符。

表 2-6 赋值运算符

符　号	举　例	等　价
＝	x＝5	x＝5
＋＝	x＋＝5	x＝x＋5
－＝	x－＝5	x＝x－5
＊＝	x＊＝5	x＝x＊5
／＝	x／＝5	x＝x/5
％＝	x％＝5	x＝x％5
／／＝	x／／＝5	x＝x／／5
＊＊＝	x＊＊＝5	x＝x＊＊5
＆＝	x＆＝5	x＝x＆5
＾＝	x＾＝5	x＝x＾5
＞＞＝	x＞＞＝5	x＝x＞＞5
＜＜＝	x＜＜＝5	x＝x＜＜5

以下例子使用赋值运算符进行运算。

```
a = 21
b = 10
c = 0
c = a + b
print("1 - c 的值为：",c)
c += a
print("2 - c 的值为：",c)
c * = a
print("3 - c 的值为：",c)
c / = a
print("4 - c 的值为：",c)
c = 2
c % = a
print("5 - c 的值为：",c)
c * * = a
print("6 - c 的值为：",c)
c // = a
print("7 - c 的值为：",c)
```

运行结果为：

1 - c 的值为：31
2 - c 的值为：52
3 - c 的值为：1092
4 - c 的值为：52.0
5 - c 的值为：2
6 - c 的值为：2097152
7 - c 的值为：99864

5. 成员运算符

表 2-7 是常见的成员运算符。

表 2-7　成员运算符

符　　号	运　　算
in	如果在指定的序列中找到值返回 True,否则返回 False。
notin	如果在指定的序列中没有找到值返回 True,否则返回 False

以下例子使用成员运算符进行运算。

```
a = 10
b = 20
list = [1,2,3,4,5];
print(a in list)
print(b not in list)
a = 2
print(a in list)
```

运行结果为：

```
False
True
True
```

2.3.5　控制结构

1. 条件分支

条件分支指的是,在程序执行时根据某些条件,决定程序执行的语句分支。if 语句是通过判断特定的条件是否满足来决定下一步的执行流程,是非常重要的控制结构。常见的 if 语句的形式有单分支的 if 语句选择结构、双分支的 if 语句选择结构、多分支的 if 语句选择结构、嵌套的 if 语句选择结构。

单分支的 if 语句选择结构是最简单的一种形式,具体语法如下：

```
if <判断条件>:
    <判断条件为真时执行的语句>
```

当判断条件为真时,语句块将被执行,否则语句块将不会被执行。

以下例子用于比较两个数的大小。

```
if 3 > 2:
    print('ok')
```

运行结果为：

```
ok
```

双分支的 if 语句选择结构的语法如下：

```
if <判断条件1>:
    <判断条件1为真时执行的语句>
else:
```

    <其他情况执行的语句>

以下例子定义了变量 chTest,判断结果是否为真,输出变量 chTest 的值。

```
chTest = ['1','2','3','4','5']
if chTest:
    print(chTest)
else:
    print('Empty')
```

运行结果为:

['1','2','3','4','5']

多分支的 if 语句选择结构,使用 if、elif、else 语句做条件分支控制,具体形式如下:

```
if <判断条件 1>:
    <判断条件 1 为真时执行的语句>
[elif <判断条件 2>:
    <判断条件 2 为真时执行的语句>]
[elif <判断条件 3>:
    <判断条件 3 为真时执行的语句>]
[…]
[else:
    <其他情况执行的语句>]
```

整个语句顺序执行,即判断条件 1 为假时才会判断条件 2,条件 2 为假时才会判断条件 3,以此类推。

以下例子定义变量 score,当它大于等于 90 时,显示消息"Excellent!",否则显示消息"Fighting!"。

```
score = 98
if score >= 90:
    print('Excellent!')
else:
    print('Fighting!')
```

运行结果为:

Excellent!

以下例子依此判断变量 score 是否大于等于 90、80、70 和 60,显示相应的字母 A、B、C 和 D,否则显示 E。

```
score = 98
if score >= 90:
    print('A')
elif score >= 80:
    print('B')
elif score >= 70:
    print('C')
elif score >= 60:
    print('D')
```

```
else:
    print('E')
```

运行结果为：

A

三元表达式是 if 语句的简化形式，仅占用一行，有助于代码的可读性，具体形式如下：

<判断条件为真时执行的语句> if <判断条件> else <判断条件为假时执行的语句>
```
print(1 if 5 > 3 else 0)
```

运行结果为：

1

2. for 循环

for 语句遍历任何可迭代对象中的元素，如字符串、列表、元组和迭代器等，for 语句一般用于循环次数可以提前确定的情况，尤其适用于枚举或遍历序列或迭代对象中元素的场合。具体形式如下。

```
for <元素别名> in <可迭代对象>:
    <循环语句>
[else:
    <最后执行的语句>]
```

以下例子依次显示字符串中的字母。

```
for letter in 'Python':
    print(letter)
```

运行结果为：

P
y
t
h
o
n

调用函数 range() 返回一个序列的迭代器，一般用在 for 循环中，其中：
第 1 个参数 start 表示序列的起始值，默认值为 0；
第 2 个参数 stop 表示序列终止值，但不包含该值；
第 3 个参数 step 表示步长，默认为 1。
以下例子带有 else 子句的 for 语句，输出计算 1＋2＋3＋…＋99＋100 的结果。

```
s = 0
for i in range(1,101):
    s += i
else:
    print(s)
```

运行结果为：

5050

3. while 语句

while 语句在判断条件为真时，循环执行循环语句，while 语句一般用于循环次数难以确定的情况，也可以用于循环次数确定的情况。具体形式如下：

```
while<判断条件>:
    <循环语句>
[else:
    <最后执行的语句>]
```

以下例子在变量 n 小于 9 时持续显示该变量的值，每次循环都将该变量加 1。

```
n = 0
while(n < 9):
    print(n)
    n = n + 1
```

运行结果为：

0
1
2
3
4
5
6
7
8

以下例子带有 else 子句的 while 语句，输出计算 $1+2+3+\cdots+99+100$ 的结果。

```
s = i = 0
while i <= 100:
    s += i
    i += 1
else:
    print(s)
```

运行结果为：

5050

break 语句跳出循环，如果有多层嵌套循环，则仅仅跳出所在层的循环。

以下例子将 while 语句后的条件固定为真，当变量 n 大于或等于 9 时，跳出循环，否则循环将无休无止。

```
n = 0
while True:
```

```
        print(n)
        n = n + 1
        if n > = 9:
            break
```

运行结果为:

```
0
1
2
3
4
5
6
7
8
```

continue 语句中断本次迭代,继续循环的下一次迭代。

以下例子中,当变量 n 为奇数时,中断本次迭代,跳过显示变量值的语句,继续循环的下一次迭代。

```
n = 0
while(n < 9):
    n = n + 1
    if n % 2 == 1:
        continue
    print(n)
```

运行结果为:

```
2
4
6
8
```

2.3.6　程序包的安装与使用

1. 安装 Python 程序包

Python 自带了很多程序包,但不一定可以满足我们的需求。就决策支持而言,还需要添加一些第三方的库来拓展它的功能。这里简单介绍一下第三方库的安装,以安装数据分析工具 Pandas 为例。

命令 pip 为管理 Python 程序包的主流方式,使用命令 pip 可以实时查看本机已安装的 Python 扩展库列表,支持 Python 程序包的安装、升级、卸载等操作。常用命令 pip 的使用方法如下:

(1) 命令 pip install＜程序包名＞用于安装程序包;

(2) 命令 pip list 用于列出当前已安装的所有程序包;

(3) 命令 pip install-upgrade＜程序包名＞用于升级程序包;

(4) 命令 pip uninstall<程序包名>用于卸载程序包。

2. 程序包的导入与使用

Python 默认安装仅包含部分基本和核心程序包,启动时也仅加载了基本程序包,在需要时再显式加载其他程序包。

Python 内置对象可以直接使用,其他程序包需要导入之后才能使用其中的对象。Python 中导入程序包的命令主要有两个:

import <程序包名>[as <别名>];
from <程序包名> import <对象名>[as <别名>]。

使用第一种方式导入程序包后,以<程序包名>.<对象名>使用程序包中的对象。使用第二种方式导入程序包后,为导入的对象起别名,减少查询次数,提高访问速度。也可以一次导入程序包中所有对象。

Python 本身内置了很多强大的库,如数学相关的 math 库,可以为我们提供更加丰富复杂的数学运算。

```
import math                    # 导入程序包 math,并调用其中的函数 sin()
math.sin(1)                    # 计算正弦
import math as m               # 以<别名>.<对象名>使用程序包中的对象
m.sin(1)                       # 计算正弦
from math import sin as f      # 导入程序包 math 中的函数 sin()并赋予别名 f
f(3)
from math import *             # 导入程序包 math 中的所有对象
sin(3)
```

2.4 Python 数据结构

Python 有 4 个内建的数据结构——列表(list)、元组(tuple)、字典(dictionary)以及集合(set),它们可以统称为容器(container),因为它们实际上是一些"东西"组合而成的结构,而这些"东西",可以是数字、字符甚至是列表,或者是它们之间几种的组合。通俗地讲,容器里是什么都行,而且容器里的元素类型不要求相同。

2.4.1 列表

列表(list)是一种可被修改的且包含多个类型不同元素的数据结构,是重要的 Python 内置可变序列之一,是包含若干元素的有序连续内存空间。在形式上,列表的所有元素在一对方括号[]中,相邻元素之间使用逗号分隔开。当列表增加或删除元素时,列表对象自动进行内存的扩展和收缩,从而保证元素之间没有缝隙。

列表使用方括号[]定义列表,元素以逗号分隔,可被修改,即其包含的元素可以被重新赋值。定义列表之后,使用整数作为索引来访问其中的元素,其中 0 表示第一个元素,1 表示第二个元素,以此类推;列表支持负整数作为索引,其中-1 表示最后一个元素,-2 表示倒数第二个元素,以此类推。

当一个列表不再使用时,使用命令 del 将其删除,这适用于所有类型的 Python 对象。

使用命令 del 可以删除列表、字典等可变序列中的部分元素，不能删除元组、字符串等不可变序列中的部分元素。

表 2-8 列出了列表对象的常用函数。

表 2-8 列表对象常用函数

符　　号	运　　算
lst.append(x)	将元素 x 追加插入至列表 lst 末尾
lst.extend(L)	将列表 L 中所有元素追加插入至列表 lst 末尾
lst.insert(index,x)	在列表 lst 指定索引 index 处添加元素 x，该索引后面的所有元素后移一个索引
lst.remove(x)	在列表 lst 删除首次出现的值为 x 的元素，该元素之后的所有元素前移一个索引
lst.pop([index])	删除并返回列表 lst 中索引为 index(−1) 的元素
lst.clear()	删除列表 lst 中所有元素，但保留列表对象
lst.index(x)	返回列表 lst 中第一个值为 x 的元素的索引，若不存在值为 x 的元素则产生异常
lst.count(x)	返回值为 x 的元素在列表 lst 中出现的次数
lst.reverse(x)	对列表 lst 所有元素进行逆序
lst.sort(key=None,reverse=False)	对列表 lst 中的元素进行排序，key 用来指定排序依据，reverse 决定升序(False)还是降序(True)
lst.copy()	返回列表 lst 的浅拷贝

2.4.2　元组

元组(tuple)是一种不可被修改的数据结构。

使用圆括号()定义元组，元素以逗号分隔。列表和元组都是序列结构，它们本身很相似，但又有一点不同的地方。

从外形上看，列表与元组的区别是，列表是用方括号标记的，如 a=[1,2,3]，而元组是用圆括号标记的，如 b=(4,5,6)，访问列表和元组中的元素的方式都是一样的，如 a[0] 等于 1、b[2] 等于 6 等。

从功能上看，列表与元组的区别是，列表可以被修改，而元组不可以。比如，对于 a=[1,2,3]，那么语句 a[0]=0，就会将列表 a 修改为[0,2,3]；而对于元组 b=(4,5,6)，语句 b[0]=1 就会报错。要注意的是，如果已经有了一个列表 a，同时想复制 a，命名为变量 b，那么 b=a 是无效的，这时候 b 仅仅是 a 的别名(或者说引用)，修改 b 也会修改 a。正确的复制方法应该是 b=a[:]。

与列表有关的函数是 list，与元组有关的函数是 tuple，它们的用法和功能几乎一样，都是将某个对象转换为列表/元组，如 list('ab') 的结果是['a','b']，tuple([1,2]) 的结果是(1,2)。

2.4.3　字典

Python 引入了"字典"这一方便的概念。从数学上来讲，它实际上是一个映射。通俗来讲，它也相当于一个列表，然而它的"下标"不再是以 0 开头的数字，而是让自己定义的"键"

(key)开始。

字典(dictionary)是一种存储键(key)-值(value)对的数据结构。使用花括号{}定义字典,元素以逗号分隔,键与值以冒号分隔。创建一个字典的基本方法为:

```
x = {'name':'jack', 'age':20}
```

这里的'name'、'age'就是字典的键,它在整个字典中必须是唯一的,而'jack'、20就是键对应的值。访问字典中元素的方法也很直观,如下:

```
x['name']
x['age']
```

还有其他一些比较方便的方法来创建一个字典,如通过 dict()函数转换,或者通过 dict.fromkeys 来创建,如下:

```
d = dict(name = 'jack',age = 20)
```

很多字典的函数和方法与列表是一样的,因此在这里就不再赘述。

2.4.4 集合

Python 内置了集合这一数据结构,与数学上的集合概念基本上是一致的,它与列表的区别在于:

(1) 它的元素是不重复的,而且是无序的;

(2) 它不支持索引。

集合(set)是一种无序且包含不重复元素的数据结构。使用花括号{}定义集合,元素以逗号分隔。

```
s = {'p','y','t','h','o','n','n'}        #去除重复项
print(s)
```

运行结果为:

```
{'y', 't', 'p', 'n', 'h', 'o'}
```

还可调用函数 set()将列表转换为集合,转换时自动去掉重复元素。

```
s = set([1,2,3,3,3,4,4,5])
print(s)
```

运行结果为:

```
{1,2,3,4,5}
```

集合中只能包含数字、字符串、元组等不可变类型的数据,不能包含列表、字典、集合等可变类型的数据。

由于集合的特殊性(特别是无序性),因此集合有一些特别的运算。

```
a = t|s                    #t 和 s 的并集
b = t&s                    #t 和 s 的交集
c = t-s                    #求差集(项在 t 中,但不在 s 中)
```

```
d = t^s                    #对称差集(项在t或s中,但不会同时出现在二者中)
a = {1,4,5,6,7,8}
b = {2,3,4,5,8,9}
print(a|b)
print(a&b)
print(a-b)
print(a^b)
```

运行结果为：

```
{1, 2, 3, 4, 5, 6, 7, 8, 9}
{8, 4, 5}
{1, 6, 7}
{1, 2, 3, 6, 7, 9}
```

2.5 Python 决策分析工具

　　Python 本身的决策支持功能不强,需要安装一些第三方扩展库来增强它的能力。本书用到的库有 NumPy、Scipy、Matplotlib、Pandas、Scikit-Learn 等,下面将对这些库的安装和使用进行简单的介绍。Anaconda 中已经自带了以下库：NumPy、Scipy、Matplotlib、Pandas 和 Scikit-Learn。

　　本节主要是对这些库进行简单的介绍,在后面的章节中,会通过各种案例对这些库的使用进行更加深入的说明。本书的介绍是有所侧重的,读者可以到官网阅读更加详细的使用教程。值得一提的是,本书所介绍的扩展库,它们的官网上的帮助文档都相当详细。

2.5.1 NumPy

　　NumPy(Numerical Python)是 Python 的一种开源的数值计算扩展。这种工具可用来存储和处理大型矩阵,比 Python 自身的嵌套列表(nested list structure)结构要高效得多(该结构也可以用来表示矩阵(matrix)),支持大量的维度数组与矩阵运算,此外也针对数组运算提供大量的数学函数库。NumPy 还是很多更高级的扩展库的依赖库,后面介绍的 Matplotlib、Pandas 等库都依赖于它。NumPy 提供了许多高级的数值编程工具,如矩阵数据类型、矢量处理以及精密的运算库,专为进行严格的数字处理而产生。值得强调的是,NumPy 内置函数处理数据的速度是 C 语言级别的,因此在编写程序的时候,应当尽量使用它们内置的函数,避免出现效率瓶颈的现象。

　　在 Jupyternotebook 中,NumPy 安装跟普通的第三方库安装一样,可以通过 pip 安装：

```
pip install numpy
```

安装完成后,可以使用以下命令进行测试：

```
import numpy as np                         #一般以 np 作为 numpy 的别名
a = np.array([1,2,3])                      #创建数组
print(a)                                   #输出数组
x = np.array([[7, 8, 9], [10, 11, 12]])    #生成一个二维 Numpy 数组,即矩阵
print(x)
```

运行结果为：

[1 2 3]
[[7 8 9]
 [10 11 12]]

NumPy 是 Python 中相当成熟和常用的库，因此关于它的教程有很多，最值得一看的是官网（http://www.numpy.org/）的帮助文档，还有很多中英文教程，读者遇到相应的问题时，可以自行搜索对应的内容。

2.5.2 Pandas

Pandas 是 Python 下最强大的数据分析和探索工具。它包含高级的数据结构和精巧的工具，使得在 Python 中处理数据非常快速和简单。Pandas 构建在 NumPy 之上，它使得以 NumPy 为中心的应用很容易使用。Pandas 的名称来自面板数据（panel data）和 Python 数据分析（data analysis），它最初被作为金融数据分析工具而开发出来，由 AQR Capital Management 公司于 2008 年 4 月开发出来，并于 2009 年底开源。

Pandas 的功能非常强大，支持类似于 SQL 的数据增、删、查、改，并且带有丰富的数据处理函数；支持时间序列分析功能；支持灵活处理缺失数据等。详细内容可以参考官网（https://pandas.pydata.org/）的帮助文档。

Pandas 的安装相对来说比较容易，安装好 NumPy 之后，就可以直接安装了，安装代码如下：

```
pip install pandas
```

Pandas 基本的数据结构是 Series 和 DataFrame。Series 就是序列，类似一维数组；DataFrame 则是相当于一张二维的表格，类似二维数组，它的每一列都是一个 Series。为了定位 Series 中的元素，Pandas 提供了 Index 对象，每个 Series 都会带有一个对应的 Index，用来标记不同的元素，Index 的内容不一定是数字，也可以是字母、中文等，它类似于 SQL 中的主键。

类似地，DataFrame 相当于多个带有同样 Index 的 Series 的组合（本质是 Series 的容器），每个 Seiries 都带有唯一的表头，用来标识不同的 Series。

以下代码创建了简单的 Series 和 DataFrame：

```
import pandas as pd
s1 = pd.Series({'city': 'Nanjing',
                'province': 'Jiangsu',
                'population': 8.335})
s2 = pd.Series({'city': 'Hangzhou',
                'province': 'Zhejiang',
                'population': 9.468})
s3 = pd.Series({'city': 'Fuzhou',
                'province': 'Fujian',
                'population': 7.64})
df = pd.DataFrame([s1, s2, s3])
```

2.5.3 Matplotlib

不论是决策分析还是数学建模,都免不了数据可视化的问题。对于 Python 来说,Matplotlib 是最著名的绘图库,是一个 Python 的 2D 绘图库,当然它也可以进行简单的三维绘图。它不但提供了一整套和 MATLAB 相似但更为丰富的命令,让我们可以非常快捷地用 Python 可视化数据,而且允许输出达到出版质量的多种图像格式,详情请参考官网(https://matplotlib.org/)的帮助文档。

Matplotlib 的安装代码如下:

```
pip install matplotlib
```

下面是一个简单的作图例子,它基本包含了 Matplotlib 作图的关键要素,作图效果如图 2-3 所示。

```python
import numpy as np
import matplotlib.pyplot as plt
labels = ['G1', 'G2', 'G3', 'G4', 'G5']
men_means = [20, 35, 30, 35, 27]
women_means = [25, 32, 34, 20, 25]
men_std = [2, 3, 4, 1, 2]
women_std = [3, 5, 2, 3, 3]
width = 0.35           # the width of the bars: can also be len(x) sequence
fig, ax = plt.subplots()
ax.bar(labels, men_means, width, yerr = men_std, label = 'Men')
ax.bar(labels, women_means, width, yerr = women_std, bottom = men_means,
        label = 'Women')
ax.set_ylabel('Scores')
ax.set_title('Scores by group and gender')
ax.legend()
plt.show()
plt.show()
```

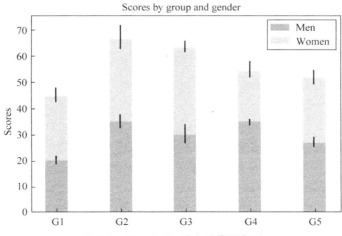

图 2-3 Matplotlib 基本的作图例子

习题

1. 定义字符串对象 s="red,green,green,blue",返回 green 第一次出现的位置。
2. 定义列表对象 li=["abc","def","hij"],使用空字符作为连接符,输出一个新的字符串对象。
3. 编写程序,用户输入一个列表和 2 个整数作为索引,然后使用切片获取并输出列表中介于 2 个索引之间的元素组成的子列表。例如用户输入[1,2,3,4,5,6]和 2,5,程序输出[3,4,5,6]。
4. 编写程序,生成包含 20 个随机数的列表,然后将前 10 个元素升序排列,后 10 个元素降序排列,并输出结果。
5. 定义一个字典对象 dict={"k1":"v1","k2":"v2","a":"b"},删除字典中的键值对"k1":"v1",并输出删除后的结果。
6. 编写程序,输入两个分别包含若干整数的列表 lstA 和 lstB,输出一个字典,要求使用列表 lstA 中的元素作为键,列表 lstB 中的元素作为值,并且最终字典中的元素数量取决于 lstA 和 lstB 中元素最少的列表的数量。

第 3 章

电力行业发展概况

电力是以电能作为动力的能源,发明于 19 世纪 70 年代。电力的发明和应用掀起了第二次工业化高潮。20 世纪出现的大规模电力系统是人类工程科学史上最重要的成就之一,是由发电、输电、变电、配电和用电等环节组成的电力生产与消费系统。它将自然界的一次能源通过机械能装置转化成电力,再经输电、变电和配电将电力供应到各用户。电力行业作为我国国民经济的基础性支柱行业,与国民经济发展息息相关,在我国经济持续稳定发展的前提下,工业化进程的推进必然产生日益增长的电力需求,我国中长期电力需求形势依然乐观,电力行业将持续保持较好的发展势头。

2019 年国家电网有限公司"两会"做出全面推进"三型两网"建设、加快打造具有全球竞争力的世界一流能源互联网企业的战略部署,是网络强国战略在国网公司的具体实践,是落实中央部署、发挥央企带头作用的重要举措,是适应内外部形势和挑战的必然要求。"两会"报告中提出建设世界一流能源互联网企业的重要物质基础是要建设运营好"两网"(即"泛在电力物联网"和"坚强智能电网"),因此本章将分别从智能电网、能源互联网以及泛在电力物联网三个领域介绍目前电力行业的概况。

3.1 智能电网

为应对气候变化、保障能源安全、促进经济发展,近年来世界范围内正在推动新一轮的能源革命。这场能源革命是一次以技术创新为先导,以电力为核心,以优化能源结构、提高能源效率、促进节能降耗、实现可持续发展为目标的深刻变革。通信技术、计算机技术、信息技术、自动控制技术、分析决策技术等与电力技术的深度融合,促使智能电网成为新型现代电网的发展趋势,发展智能电网已经在世界范围内达成广泛共识。

3.1.1 智能电网的基本概念

智能电网(smart grid)开创了电力系统发展的新纪元,是当前电力系统发展的主要趋势。国内外相关的电力行业已经迈出了探索和建设智能电网的步伐,本着从实际出发、实事求是的原则,不同国家和地区采取了不同的实践方式,制定了适合本国智能电网的发展蓝图。目前,欧美日等主要发达国家对于智能电网的定义各不相同,虽然世界各国对智能电网并没有一个统一的定义,但随着智能电网研究和建设进程的推进,逐步形成了以下具有代表性的智能电网定义。

美国能源部对智能电网的解释是:一个完全自动化的电力传输网络,能够监视和控制每个用户和电网节点,保证从发电厂到终端用户整个输配电过程中所有节点之间的信息和电能的双向流动。美国电科院(EPRI)提出的智能电网定义侧重以下几点:突出了市场特点,快速响应电力市场和企业需求,为用户提供可靠、经济的电力服务;突出了信息技术运用,利用通信技术实现实时、安全和灵活的信息流;强调了消除故障的自愈功能。目前,可再生能源在美国快速发展,部分地区的风电、光伏发电成本已接近甚至低于煤电。

欧洲技术论坛提出的智能电网定义特点是:将产品与服务更好地整合,为客户的终端装置及设备提供发电、输电和配电一条龙服务;强调了智能电网更大的能量输出、更高的能源效率,与客户的更多信息交流与选择,同时突出了客户参与率。

日本提出的智能电网定义与其他国家不一样,基于日本资源利用的重要性和迫切性,突出了为达到低碳社会的要求,使可再生能源发电能够顺利接入,同时基于日本曾经发生的事故,要做到安全可靠供电。

2009年5月,我国国家电网有限公司便已宣布启动"坚强智能电网"建设规划,针对目前国内电网及经济现状与发展,给出了我国智能电网的定义及核心内容。国家电网有限公司对智能电网概念的解释是:以坚强网架为基础,以信息通信平台为支撑,以智能控制为手段,包括电力系统的发电、输电、变电、配电、用电和调度各个环节,如表3-1所示,覆盖所有电压等级,实现"电力流、信息流、业务流"的高度一体化融合,是坚强可靠、经济高效、清洁环保、透明开放、友好互动的现代化电网。

表3-1 智能电网六大环节

发电	输电	变电	配电	用电	调度
常规电源网厂协调、大规模可再生能源并网、大量储能	柔性交直流电关键技术、输变电设备状态监测技术、高压直流输电关键技术	智能变电站设备层关键设备、变电站系统层关键设备、建设运行技术支撑关键设备	智能配电设备、配电自动化与配网规划系统、分布式电源和微电网控制、保护及接入	智能用电检测设备、用电信息采集装置、智能用电小区/楼宇、双向互动服务系统、电动汽车充放电装置	电网在线安全控制、智能电网调度
通信信息平台:骨干传输网建设和完善关键设备;配电和用电环节通信网络建设关键设备;通信支撑网建设和优化关键设备;信息化基础设施关键设备;信息安全与运维关键设备;信息系统与高级应用。					

同时,国家电网有限公司提出了符合中国国情的智能电网发展目标:以特高压电网为骨干网架,各级电网协调发展,具有信息化、数字化、自动化、互动化特征的统一的坚强智能电网。并指出智能电网的核心内容是:以先进的计算机、电子设备和智能元器件为基础,通过引入通信、自动控制和其他信息技术,创建开放的系统和共享的信息模式,整合系统数据、优化电网管理,使用户之间、用户与电网公司之间形成网络互动和即时连接,实现数据读取的实时、双向和高效,将大大提升电网的互动运转,提高整个电网运行的可靠性和综合效率。

由此可以知道,智能电网实际上是将世界最先进的通信、信息技术、新能源、新材料、新设备等与传统电力系统融合的现代电力网络。智能电网的建设开辟了传统电力行业生产与管理的新时代,推动电力基础设施向信息化与现代化方向发展。具体说来,智能电网在电源侧可以支持多样化的新能源电源接入,改变传统电网仅有的单一集中发电模式,方便各类电源的并入,同时实现可靠供电;而对供电企业而言,其生产、运行将全部实现可视化、数字化、智能化,电网企业的规划、调度、交易、生产等综合业务水平将大幅度提升,并实现有效集成,形成智能的电能流、信息流网络。在用户侧,智能电网的建设则可以使用户能够与电网进行双向通信,电网根据运行信息和用户需求实时调整供电,为用户提供高效、优质的服务。

3.1.2 智能电网基本特征

1. 自愈

自愈是指电网在不用人为干预或者很少人为干预的情况下能够自动检测、分析系统中的故障原件,实现故障原件隔离和系统自我恢复,保证持续供电服务。自愈作为智能电网的重要特性,意味着电网具有免疫功能。智能电网能够利用在线监测系统进行持续地自我评估,预测可能出现的问题,发现已经存在或者正在发展的问题,并自动采取措施加以纠正。智能电网能够充分应用数据获取技术,避免或限制电力供应的中断,迅速恢复供电服务。智能电网能够利用基于实时测量的概率风险评估确定最有可能出现故障的设备、发电厂和线路;通过实时应急分析确定电网整体的健康水平,触发可能导致电网故障发展的早期预警,确定是否需要立即进行检查或采取相应的措施。智能电网能够利用本地及远程设备的通信帮助分析故障、电压降低、电能质量差、过载和其他不希望出现的系统状态,并采取适当的控制行动。智能电网也可应用连接多个电源的网络设计方式,在出现故障或发生其他问题时,通过先进的传感器确定故障并与附近的设备进行通信,以切除故障元件或将用户迅速切换到其他可靠的电源上;同时,传感器还有检测故障前兆的能力,在故障实际发生前将设备状况告知系统,系统据此及时提出预警信息。

2. 互动

在智能电网中,用户将和电网进行自适应互动,成为电力系统的完整组成部分之一。鼓励和促进用户参与电力系统的运行和管理是智能电网的另一重要特征。从智能电网的角度来看,用户需求完全是另一种可管理的资源,它将有助于平衡供求关系,确保系统的可靠性;从用户的角度来看,电力消费是一种经济的选择,通过参与电网的运行和管理,修正其使用和购买电力的方式,从而获得实实在在的好处。在智能电网中,用户将根据其电力需求与电力系统满足其需求能力之间的平衡来调整消费。同时,需求响应计划将满足用户在能源购买中有更多选择的基本需求,减少或转移高峰电力需求的能力,使电力公司尽量减少资本开支和营运开支,通过降低线损和减少效率低下的调峰电厂的运营,带来大量的环境效益。在智能电网中,和用户建立的双向实时通信系统是实现鼓励和促进用户积极参与电力系统运行和管理的基础。实时通知用户电力消费成本、实时电价、电网状况、计划停电等服务信息,便于用户据此制定自己的电力使用方案。

3. 可靠

安全可靠供电是用户对电网的基本要求之一,而智能电网具有抵御攻击或者被攻击后快速恢复的能力。智能电网的设计和运行都将阻止攻击者,最大限度地降低攻击后产生的不良后果,快速恢复供电服务。智能电网的安全策略包含威慑、预防、检测、反应,以尽量减少和减轻对电网和经济发展的影响。不管是物理攻击还是网络攻击,智能电网要通过加强电力企业与政府之间重大威胁信息的密切沟通,在电网规划中强调安全风险、加强网络安全等手段,提高智能电网抵御风险的能力。

4. 经济

智能电网优化能够实现资源合理配置,提高能源利用效率,减少电能损耗,降低投资成本和运行维护成本。智能电网能够较好地实现资产规划、建设、运行维护等全寿命周期环节的优化,方便电网运行设备检修,从而大大提高电力资产利用率,科学地降低运行维护成本和投资成本,降低电网损耗。

智能电网通过高速通信网络实现对运行设备的在线状态监测,以获取设备的运行状态,在最恰当的时间给出需要维修设备的信息,实现设备的状态检修,同时使设备运行在最佳状态。系统控制装置可以被调整到降低损耗和消除阻塞的状态;通过对系统控制装置的这些调整,选择最小成本的能源输送系统,提高运行效率。最佳的容量、最佳的状态和最佳的运行将大大降低电网运行的费用。此外,先进的信息技术将提供大量的数据和资料,并将其集成到现有企业范围的系统中,大大加强其能力,以优化运行和维修过程。这些信息将为设计人员提供更好的工具,创造最佳的设计,为规划人员提供所需的数据,从而提高其电网规划的能力和水平。这样,运行和维护费用以及电网建设投资将得到更为有效的管理。

未来分时计费、削峰填谷、合理利用电力资源成为电力系统经济运行的重要一环。通过计费差,调节波峰、波谷用电量,使用电尽量平稳。对于用电大户来说,这一举措将更具经济效益。有效的电能管理包括三个主要步骤,即监视、分析和控制。监视就是查看电能的供给、消耗和使用的效率;分析就是决定如何提高性能并实施相应的控制方案,通过监测能够"看到"问题;控制就是依据这些信息做出正确的峰谷调整,赋予电能原始数据额外的意义。最大化能源管理的关键在于将电力监视和控制器件、通信网络和可视化技术集成在统一的系统内。

5. 兼容

智能电网将安全、无缝地容许各种不同类型的发电和储能系统接入,扩大系统运行调节的可选资源范围,促进智能电网与自然环境协调发展。改进的互联标准将使各种各样的发电和储能系统更容易接入。从各种不同容量的发电和储能系统在所有的电压等级上都可以互联,包括分布式电源(如光伏发电、风电、先进的电池系统、即插式混合动力汽车和燃料电池)。商业用户安装自己的发电设备(包括高效热电联产装置)和电力储能设施将更加容易和更加有利可图。在智能电网中,大型集中式发电厂(包括环境友好型电源,如风电和大型太阳能电厂和先进的核电厂)将继续发挥重要的作用。加强输电系统的建设,使这些大型电厂仍然能够远距离输送电力。同时,各种各样的分布式电源的接入一方面能减少对外来能源的依赖,另一方面能提高供电可靠性和电能质量,特别在应对战争和恐怖袭击方面具有重要意义。

3.1.3 我国智能电网发展情况

1. 我国智能电网发展目标

(1) 具备强大的资源优化配置能力。形成结构坚强的受端电网和送端电网,电力承载能力显著加强,形成"强交、强直"特高压输电网络,实现大水电、大煤电、大核电、大可再生能源的跨区域、远距离、大容量、低损耗、高效率输送,区域间电力交换能力明显提升,有效缓解我国能源资源和生产力分布不平衡的矛盾。

(2) 具备很高的安全稳定运行水平。坚强智能电网的安全稳定性和供电可靠性将进一步提升,电网运行将更好地满足系统安全稳定的相关规程要求,各级防线之间紧密协调,具备抵御突发性事件和严重故障的能力,有效避免大范围连锁故障的发生,显著提高用户供电可靠率。

(3) 适应并促进清洁能源发展。在风电功率预测和动态建模、低电压穿越和有功无功控制、常规机组快速调节等技术领域取得突破,大容量储能技术等得到推广应用,清洁能源发电及其并网运行控制能力显著提升,满足能源消费结构调整的国家战略要求,实现集中与分散开发模式并存的清洁能源大规模开发利用,使清洁能源成为更加经济、高效、可靠的能源。

(4) 实现高度智能化的电网调度。全面建成横向集成、纵向贯通的智能电网调度技术支持系统,满足各级电网调度和集中监控的要求,实现大电网连锁事件条件下的在线智能分析、预警、决策,各类新型发输电技术设备的高效调控和特高压交直流混合电网的精益化控制,实现智能电网的调度一体化运行。

(5) 满足电动汽车等新型电力用户的服务要求。建成完善的电动汽车配套充放电基础设施网络,形成科学合理的电动汽车充放电站布局,充放电站基础设施满足电动汽车行业发展和消费者的需要,电动汽车与电网的高效互动得到全面应用。

(6) 实现电网管理信息化和精益化。将建成贯通发电、输电、变电、配电、用电和调度各个环节的通信骨干传输网、配用电通信网、通信支撑网等坚强通信网络体系,实现电网主数据管理、海量实时数据管理、信息运维综合监管、电网空间信息服务、生产和调度应用集成等功能,完全实现电网管理的信息化。建成电网资产全寿命周期管理体系、财务管控体系、成本考核体系,建立资产全寿命周期管理模式,实现电网资产智能规划、投资优化辅助决策、供应商关系管理等高级应用,形成与电网资产全寿命周期管理相适应的管理流程和工作机制,实现电网设施全寿命周期内的统筹管理,通过智能调度和需求侧管理,大幅提升电网资产利用小时数和公司资产利用效率,实现电网的精益化管理。

(7) 实现电力用户与电网之间的便捷互动。建成智能用电互动平台,通过营销技术支持平台,实现信息发布及查询服务、在线费用支付、电力故障报修的在线全过程服务等基础服务功能;实现用户分类和信用等级评价,为用户提供个性化智能用电管理服务,满足不同情况下用户对用电的不同需求;通过建立完善需求侧管理、分布式电源综合利用管理系统等,为配网、调度相关系统提供数据信息,满足合理调配用户充电时段、统计分析客户充电等需求,实现客户有序互动、平衡电网负荷等应用,提高设备利用率。

(8) 发挥电网的增值服务潜力。实现电力光纤到户,为用户提供互联网、网路协议电视(internet protocol television,IPTV)、语音等集成服务,为供水、热力、燃气等行业的信息化、互动化提供平台支持,拓展及提升电网基础设施增值服务的范围和能力。

2. 我国智能电网发展研究方向

为了对坚强智能电网建设提供强有力的科技支撑,并在技术上引领坚强智能电网的发展方向,需要研究发电、输电、变电站、调度、智能配电、智能用电等业务领域和信息技术、通信技术、战略与规划等支撑技术领域的关键技术,以支撑坚强智能电网的建设和顺利实施。

在电场接入技术深化研究方面,研究可再生能源信息建模技术,建立基础信息平台;研究大规模可再生能源规模接入、退出及控制技术;研究风电机组风电场、光伏电站控制技术;开展间歇式能源功率预测实用化技术研究并推广应用;开展风光储互补系统关键技术研究,并实施示范工程。在分散式能源并网发电力方面,研究大规模分散性能源双向供电控制、保护、隔离技术,分散式能源与电网互动反馈调节技术,分散式能源规范接入、有序退出的"即插即用"控制技术。

在智能输电方面,主要包括电力电子技术、输电线路运行维护技术、输电线路状态检修技术和设备全寿命周期管理技术等,主要开展适用于智能电网的电力电子稳定控制技术、电压动态支撑技术、潮流控制技术、短路电流限制技术、电网综合控制技术研究;开展电力电子装置中关键设备状态监测技术研究、电力电子装置智能控制技术研究;开展输电线路设备自检测、自评估、自诊断、事故预警等功能的研究;提升智能电网的安全、稳定、经济运行水平,提高电网的运行灵活性和可控性。

在智能变电方面,主要包括变电站信息采集技术、智能传感技术、实时监测技术、状态诊断技术、自适应/自优化保护技术、广域保护技术、协调控制技术和站内智能一次设备技术等。研究采用先进传感器、通信、信息、自动控制、人工智能技术,对电网运行数据进行统一断面无损采集,统一建立变电站实时全景模型。研究智能电网海量实时信息应用及信息体系架构技术,智能电网中变电站广域关联、配合、交互技术,智能电网广域信息交互及信息安全防护技术,智能变电站运维和试验技术,基于广域同步测量系统(wide area measurement system,WAMS)的广域保护技术,研究采用电力电子技术的智能设备。

在智能配电方面,主要包括配电网经济运行、智能预警、辅助决策、安全控制、设备管理、电能质量、智能配网设备、大规模储能、电动汽车变电站等技术;研究采用更加经济、可靠、先进的传感、通信和控制终端技术,实现对配电网运行状态、资产设备状态和供电可靠状况的更实时、更全面、更详细的监视,提高电网的可观测性;研究智能配电网控制理论和方法,实现电网自愈控制;研究分布式电源并入配电网运行控制与保护技术,优化发输配用各环节的协调调度;利用电力电子技术,实现电能质量控制和电能的灵活分配,降低损耗,提高供电可靠性和电能质量。

在智能用电方面,主要包括高级测量技术、双向互动营销技术、用电储能技术、用电仿真技术等;深化电力用户信息采集系统研究,研究双向互动营销运行机制、双向互动营销支撑技术,研究智能用电信息采集、高级量测系统、能效评审及提升、用能优化调度决策技术,研制智能终端、测试及仿真技术;研究基于供求信息双向互动的用户需求分析及智能响应技术、高级量测系统关键技术、智能双向电表及智能用户交互终端的功能和实现技术、智能用电信息采集与交互系统的功能和实现技术,研究客户分布式电源及储能元件接入与监控技术,研究用户侧分布式能源"即插即用"和用户向电网反向供电技术。

在智能调度方面,主要包括大电网安全稳定分析技术、仿真建模技术、经济运行技术、综合预警和辅助决策技术、大电网控制技术、安全防御技术、运行管理技术等;主要研究一体化智能调度支撑技术、特大电网智能运行控制技术、一体化调度计划运作平台和大型可再生及分布式能源接入控制技术以及一体化调度管理技术。

在信息技术支撑方面,研究智能电网完善的层次化信息体系与架构、智能电网标准信息模型及信息交换模型,研究满足不同业务应用、不同业务层级的信息需求,研究满足智能电网各环节各层次信息有效集成、交互和共享的技术,研究保证智能电网信息的一致性、唯一性和可靠性的技术。

在通信支持技术方面,研究智能电网通信安全保障技术、广域时间同步网络技术、时钟同步网络优化技术。加强电力通信网络管理技术;电力通信网综合监测与预警技术研究;重点开展特高压交直流输电线载波技术、实用化配电线载波通信技术、无线通信网络技术、电力专用通信控制芯片设计专题技术等的研究和应用。

3. 我国智能电网发展规划

自 2009 年开始,我国多次召开了关于国家电网改革的相关会议并制订了一系列发展计划,更是将智能电网纳入未来几十年的电网规划方案中。智能电网的骨干网架是以特高压电网为主、以各级电网协调为基础的信息化智能平台。国家电网有限公司提出了"坚强智能电网"建设规划,如图 3-1 所示。

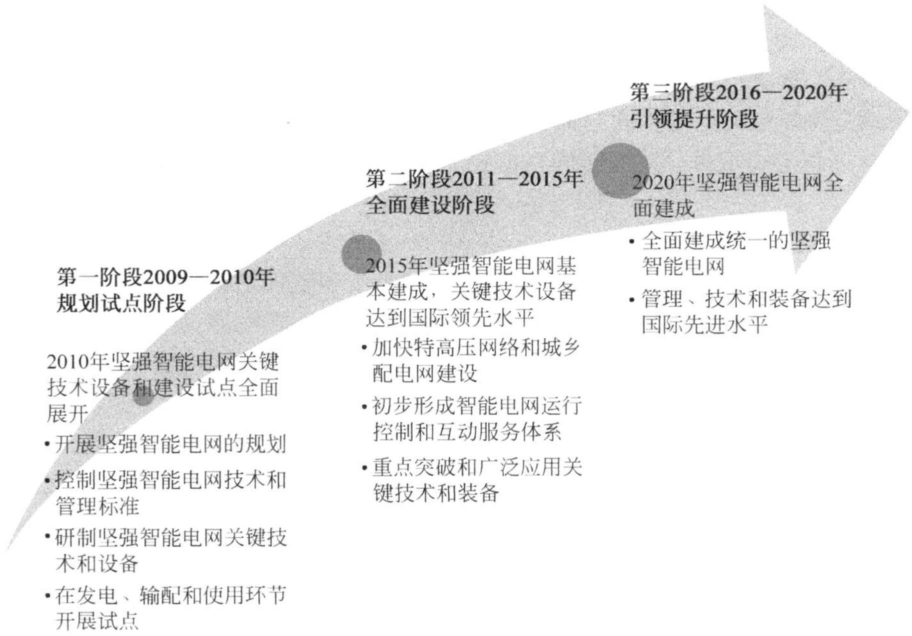

图 3-1 我国"坚强智能电网"建设规划

根据国家电网有限公司公布的"智能电网"总体发展计划,到2020年,我国将全面建成统一的"坚强智能电网"。而到2020年,我国在智能电网发展完成初期的完善布局之后,将会投入更多的资源来完成对已有运行在列电网的智能化改造,从而打造全国的智能电力网络。

4. 我国智能电网发展趋势

随着经济社会的发展,由于智能电网将会使电能的利用更加安全、环保、高效,所以被越来越多的国家和地区所接受和认可。基于不同的国情和发展侧重点,其制定的发展战略也各具特色。我国的智能电网应在总结西方发达国家的技术经验之上,结合我国的具体国情,从实际出发,积极推动智能化电网的研究和建设。目前,我国已将智能电网纳入国家发展战略并推进实施,可以预见,我国智能化电网将步入快速发展阶段,正在迈向另一个新时代,主要表现在以下几个方面。

1) 坚固、稳定的网络结构

坚固、稳定的网络结构是未来智能电网发展的基础。我国现阶段能源的调配和电力的输送都离不开智能电网的支持,尤其在距离远、规模较大的电力输送方面。高压电输送具有能够提高输送电量、节约成本、占地面积小、保护环境、方便快捷等优点。

2) 先进的通信系统

智能电网之所以被广泛应用,主要原因在于它的先知性能较强,可以对系统现有的状态进行控制和分析,能够检测出发生故障的概率,从而在故障还未造成影响时迅速做出响应。电力企业的资源分配和运行平台管理都离不开智能电网的调控,它能为电网的各个运营环节提供全方位的服务。因此在引用通信系统的同时,也应该加强智能电网的安全性和实用性。

3) 智能管理

电网运行中要充分掌握用户的用电量及使用规律等情况,而智能电网的应用恰好就满足了这一需求。智能电网能够快速对收集到的信息进行整合和处理,以保证高效率的工作。智能电网就是将原有的电网模式与通信系统结合,使用通信系统中最方便的计算系统为电力的调控与分配进行服务,并能够远程监控整个电力市场的复杂情况,对其进行实时运行管理。

4) 促进社会发展

从社会发展的长远角度来看,新技术的出现和经济的发展是智能电网产生的先导条件。智能电网的发展是提升电力系统的安全性与可靠性的内在需求,发展智能电网是实现可持续发展的重要举措,智能电网的发展也能够调动市场经济的发展,实现相关电力企业利润的最大化。

3.1.4 我国智能电网建设情况

1. 我国智能电网的建设历程

早在2000年,清华大学卢强院士就提出了"数字电力系统"(digital power system, DPS)的概念,这是最原始、最朴素的将信息技术与电网技术相结合的想法。2005年国家电网有限公司提出建设数字化变电站及发展数字化电网的设想,同年南方电网公司提出了数字南方电网规划。数字化电网是以全局模型的形式对实际运行电网真实特性的数字化、准确、实时再现。这个全局模型以一组数字模型从不同的层面和角度对整个系统的运行状态进行了真实的刻画,从而能够根据调度决策的需要,建立系统的实时分析平台和超实时仿真平台,并最终实现电网调度决策的智能化和调度指令执行的自动化。

在数字化电网的基础上,我国从2007年开始涉足智能电网领域,并做了一些先期的研究工作,而随着智能电网技术和概念的发展,我国智能电网的发展思路也逐步清晰起来。2009年年初,国家电网有限公司启动了"坚强智能电网体系研究""坚强智能电网综合研究""智能电网关键技术研究框架"等重要课题,通过积极探索国内外智能电网技术发展动态,分析中国坚强智能电网技术需求,调研中国智能电网建设已有技术。根据我国基本国情和特高压建设实践,国家电网有限公司确立了加快建设"以特高压电网为骨干网架,各级电网协调发展,具有信息化、数字化、自动化、互动化特征的智能电网"。

2011年年初,智能电网建设全面纳入国家"十二五"规划纲要。"十二五"期间,国家电网在智能电网建设各方面取得重大突破,成果覆盖电源接入、输电、变电、配电、用电和调度各环节,包括自主研发建设了智能电网调度技术支持系统,投运了天津中新生态城、国家风光储输等智能电网示范工程。智能电网广泛连接能源基地、各类分布式电源和负荷中心,在发挥大电网和坚强网架作用的基础上,实现各地集中式电源与泛在分布式电源的优化接入和高效消纳,确保分布式电源灵活接入和运行,促进新能源消纳,更安全可靠地将新能源送至负荷中心。

2016年,国家发展和改革委员会、国家能源局正式印发《电力发展"十三五"规划》(2016—2020年)(以下简称《规划》),提出了升级改造配电网、推进智能电网建设等十八项任务。"十三五"期间,我国电力工业发展面临一系列新形势、新挑战,《规划》中明确了发展智能电网的重点任务,智能电网建设贯穿电力系统发输配用各环节,通过对电网柔性化、灵活性的改造,使得发电侧主动响应用电需求,负荷侧参与电网调节,实现整个系统的高效协调运行,保障安全可靠供电,全方位支撑绿色、高效、可靠、多样的用能需求。"十三五"期间智能电网发展重点可概括为以下三个方面。

1)促进清洁能源消纳

《规划》中强调了发展智能电网对于提升系统灵活性、促进清洁能源消纳的重要作用。通过贯穿发输配用各环节的智能电网建设,全面提高电网接纳和优化配置多种能源的能力。在发电侧实现不同能源品种的优化互补,友好并网(接入);充分协调全网调峰资源,建立源网荷高效互动的调控机制,引导需求侧响应资源参与互动调节,建立健全辅助服务机制,提升系统的灵活性,促进清洁能源消纳。

2)提升系统效率,保障安全可靠供电

《规划》提出了推进智能电网建设,提升电网运行效率,保障安全可靠供电的具体要求。在输变电领域推广应用智能变电站、在线监测、状态诊断、智能巡检等技术,全面提升输变电设备运行管理水平,支撑设备全寿命周期管理,提高资产利用效率及可靠性水平。加强智能调度系统建设,建立安全预警体系,实现电网的优化运行及智能决策,全面提升电网优化配置资源的能力及安全运行水平。提升配电网运行监测及管理水平,通过配电网自动化、智能化、柔性化建设,全面提升供电可靠性,实现城乡无差异供电服务;提高配电网的灵活性、适应性,满足分布式电源、电动汽车、储能等多元负荷的广泛接入及高效互动的需求。

3) 满足多样用电需求,支撑智慧城市发展

《规划》中明确了构建"互联网+"电力运行模式,通过"互联网+"与电力工业的融合,健全完善互动用电服务体系,实现需求侧响应机制的广泛部署,满足多元用户供需互动的需要;应用大数据、云计算、物联网、移动互联网技术,提升信息平台承载能力和业务应用水平,提高电力系统信息处理和智能决策水平,为能源接入、调度运行、用户服务和经营管理提供支撑。

通过智能电网建设,着力打造以电为核心的用能服务平台,促进智能小区、智慧园区等综合能源服务业的广泛开展,支撑面向智慧城市的智慧能源体系建设。

2. 我国智能电网建设的具体主要内容

1) 建设坚强特高压骨干网架

国家电网有限公司提出全面建设以特高压电网为骨干网架、各级电网协调发展的坚强智能电网是符合中国国情的智能电网建设目标。

我国幅员辽阔,各地能源分布特点不同,而整个国家正处在经济快速发展之中,电力的供应和保障是关键。国家电网有限公司意图通过建设一个统一、共同的平台对全国电网进行全面的协调、规划和调度,形成以大型能源基地,如火电、水电、风电、核电等为依托的,由1000kV交流、直流和±800kV构成的特高压电网,形成电力"高速和高等级电压公路",促进大煤电、大水电、大核电、大型可再生能源基地的集约化发展,在全国范围内实现资源优化配置。同时,通过国家高级调度中心建设、大电网运行控制技术和灵活输电等智能电网技术和装备的研发和应用,保障在长距离、大负荷输电的情况下电网的稳定性。

2) 支持"即插即用"的分布式电源接入

在世界能源短缺和环境保护的前提下,新能源的开发与利用是今后能源发展的必然趋势,因此,智能电网的目标之一是兼容性,即既能支持大电源的集中式接入,又能够接纳更多的分布式清洁能源接入,如光伏发电、风电、小水电等。但分布式电源的并网运行对配电网的潮流控制及保护、规划等都提出了新的要求,智能电网建设必须提供新的保护方案、电压控制技术和智能仪表来满足双向潮流的需要。

集中和分布式能源同时接入将提高电力系统的效率,提供对电网峰荷电力的支持;分布式电源可以构成微网,便于管理;同时,当大电网遭到严重破坏时,这些分布式智能电网概述源也可自行形成孤岛,向医院、交通枢纽和广播电视等重要用户提供应急供电。

3) 高级配电自动化

智能电网建设中配电网的智能化建设非常关键。从目前国内外电网现状看,配电网的灵活性、自动化控制和运行水平还有待提高。

高级配电自动化是整个智能电网建设的重要组成部分,它包含配电网的监视与控制、配电系统的自动化管理功能和与用户的交互,以实现对负荷的管理以及电价进行实时、分时、阶梯定价及与用户形成互动。高级配电自动化通过与智能电网的其他组成部分协同运行,既可降低线损,提高资产使用率,也可辅助优化人员调度和维修作业的安排等。

4) 基于物联网概念的可通信和远程管理的电力设备传感器网络

在目前的电网设备中,除了部分二次设备可以实现远程操作外,大部分电力设备之间的信息传输是单向的,而未来智能电网将会以电力物联网的形式,形成一种新的设备通信和交

互机制,实现电力设备间的信息交互,以此来大幅度提高电网的智能性和可靠性。

电力物联网的建设,使得电力企业和用户之间能够实现双向的数据传输和控制,实现智能电网的互动性,能够实行动态的浮动电价制度,合理用电;同时可以利用传感器网络对发电、输电、配电、供电等关键设备的运行状况进行实时监控,提高用电的可靠性和安全性;而且在遇到电力供应高峰期时,能够在不同区域间进行及时调度,平衡电力供应缺口,从而达到对整个电力系统运行的优化管理,提高电网运行的稳定性和可靠性。

5) 更为先进和全面的实时电网监测与控制

智能电网需要建立涵盖从发电、输电网到配电网的电网实时监控系统,以便通过传感器实现实时(秒到毫秒级延迟)、全面地监视全电网状态,监控电网运行。

通过建立电力物联网系统和更为先进的自动控制系统,电网运行信息能够通过被集成的数据采集与监视(SCADA)系统,形成自动、实时的电力生产信息,提高电网电力控制能力,解决预测、检测和修复电力系统的安全运营问题,从而可以通过完善的智能电网监控和调度,尽早地发现故障,以便采取正确的措施快速隔离问题,避免代价高昂的断电现象,保障电网安全和用电的可靠性,实现电网的自愈功能。

6) 实现用户互动的终端解决方案

智能电网区别于传统电网的另外一个特点是互动性,即供电企业与终端电力用户之间实现双向互动,获得最优化合理的供用电方案,极大地改变现有的用电及管理行为,提升客户满意度。

与用户进行互动的最基本要求是:供电企业能够实时采集和跟踪客户端的用电信息,从而进行负荷控制,采取最经济、稳定的供电方案;同时智能终端设备能够将实时电价、电量等信息传导给用户。因此,在智能电网的建设中,智能计量装置的开发与应用将成为实现供用电双方互动的基础设备。通过智能计量装置,供电企业能够实时采集客户信息,并通过智能计量装置集成的管理软件对获取的数据进行分析,掌握负荷信息,对配电作出调节;根据用电信息,供电企业可以计算实时电价及预测电价的走势,以选择用电时间,并通过用户终端智能家用电器来调节用电方案。

3.2 能源互联网

能源与环境问题,是指能源的利用使人类物质生活不断得到改善的同时,却逐渐恶化了人类生存环境这一矛盾,它与高端制造业、互联网融合并称当今世界三大挑战。人类在谋求可持续发展的过程中必须解决好这个矛盾。实践证明,我国现有能源发展体系效率低下、结构问题突出,难以彻底解决能源与环境的问题。近年来,随着新能源和信息网络技术的迅速发展,一种新的能源发展体系——能源互联网得到普遍认可,为解决能源与环境问题提供了合理可行的途径。

能源互联网与智能电网有着很多相似之处,是智能电网概念的进一步发展和深化。能源互联网与电力系统有着不可分割的联系:能源互联网来源于智能电网,是智能电网的升级版。

3.2.1 能源互联网的基本概念

生产的工业化和生活的现代化都是以能源为基础的,开发和利用安全、清洁、经济、高效的可再生能源是能源可持续发展的必由之路。相对于传统化石能源集中式、整体化、稳定程度高的能源生产消费方式,可再生能源由于分布式、碎片化、间歇性的特点,一度被视为"垃圾能源"。确实,在生产、输配、消费等环节上,可再生能源亟须借助理念转变、政策引导、技术进步、习惯养成等,实现对传统能源的补充、衔接、融合和替代。

采用何种方式和路径来高效、大规模地利用可再生能源,目前还处于思考、试验和探索阶段。信息互联网凭借其扁平化、网络化、智能化的特点,将全球范围内分散的、小规模的、间歇性的、多样式的信息整合起来,奠定了人类信息社会的基础,也使得互联网行业创造了其他任何行业无法企及的价值。能源互联网就是在可再生能源迅猛发展、互联网和物联网逐渐成熟的基础上提出来的。利用互联网巨大的组织集聚功能,可以实现对多形式清洁能源的互补耦合和扁平化管理。打造一张具有扁平化结构和智能化功能的能量网络,以整合和保障分布式、间歇性、多样化的能量供应和需求,实现能源的安全、清洁、经济、高效和可持续发展,这就是能源互联网模式。

学术界对能源互联网概念阐述、结构设想等讨论已有十多年。2004 年 3 月,《经济学人》杂志刊登了题为 Building the energy internet 的文章,列举了部分专家学者、研究机构以及企业等对能源互联网的讨论。基于适配分布式发电的需求,文章认为能源互联网是一个"自愈"电网,拥有实时传感器和"即插即用"软件,可以让分布式电源或储能装置在它上面联通。2008 年是学术界对能源互联网的研究集中爆发的一年。这一年,美国国家科学基金开始立项支持能源互联网研究,启动了"未来可再生电力能源传输与管理系统"的前沿项目,由北卡罗来纳州立大学黄勤教授主持,开展配电系统能源互联网研究。FREEDM System 研究组构想的能源互联网是基于可再生能源发电和分布式储能系统的分布式对等系统控制与交互的智能微电网,满足电源和储能设备的即插即用。FREEDM System 研究组提出能量路由器的概念并首次进行了原型实现。普渡大学、加州大学伯克利分校也提出了类似的能源互联网构想,普渡大学研究组更强调储能系统的作用,伯克利分校研究组更关注底层信息架构的开发和应用。同年,欧盟在智能电网的基础上推出了 E-Energy 计划,目标是实现综合数字化互联和计算机控制检测。E-Energy 是第一个国家层次(德国)构建的能源互联网,计划实现在电力系统覆盖信息网络,通过互联网协调控制能源网。

将能源互联网作为一个全人类的未来能源发展模式和解决方案,并引起全世界各阶层的广泛关注的是 2011 年美国未来学家杰里米·里夫金发表的《第三次工业革命》(The third industrial revolution)。里夫金提出了全新的工业革命概念,他预言以新能源技术和信息技术的深入结合为特征,一种新的能源利用体系即将出现,他将他所设想的这一新的能源体系命名为能源互联网(Energy Internet)。杰里米·里夫金认为,"基于可再生能源的、分布式、开放共享的网络,即能源互联网"。伴随着《第三次工业革命》一书的出版,能源互联网的概念在国内逐渐引起关注。多次往返于中美之间的里夫金在他的新书中阐述了这样一种观点,在经历第一次工业革命和第二次工业革命之后,"第三次工业革命"将是互联网对能源行业带来的冲击。即把互联网技术与可再生能源相结合,在能源开采、配送和利用上从传统的集中式转变为智能化的分散式,从而将全球的电网变为能源共享网络。2014

年,中国提出了能源生产与消费革命的长期战略,并以电力系统为核心试图主导全球能源互联网的布局。2016年3月,全球能源互联网发展合作组织成立,由国家电网独家发起成立,是中国在能源领域发起成立的首个国际组织,也是全球能源互联网的首个合作、协调组织。

总体来说,能源互联网就是以互联网技术为核心,以配电网为基础,以大规模可再生能源和分布式电源接入为主,实现信息技术与能源基础设施融合,通过能源管理系统对大规模可再生能源和分布式能源基础设施实施广域优化协调控制,实现冷、热、气、水、电等多种能源优化互补,提高用能效率的智能能源管控系统。

3.2.2 能源互联网基本特征

能源互联网是能源和信息技术的融合,将从根本上改变能源的生产和利用方式,从而形成能源供应向分散生产和网络共享的方式转变的大趋势。能源互联网至少表现出以下四大基本特征。

1. 开放

电网、热网和天然气网更加开放,终端分布式能源、可再生能源、储能等的接入不再受到限制,微电网的底层架构大大降低了终端不稳定电源对大电网的影响,智能电网的发展大大提高了大电网对可再生能源的消纳能力,从而使得大电网在技术上具备全面开放的条件。天然气网的开放和通过能源互联网的统筹调节,将更有效地提高天然气的使用效率,平抑峰谷差,降低用户的用电成本。热网的开放将使企业的余热更有效利用,通过互补降低用热成本。

智能配电网在保证区域各种能源平衡的同时,通过安装在用户端和系统内各种能源设施的计量、统计和监测设备,以及相关信息收集和统计系统,对分布于微网内部及个体终端的产能、外部能源输入、用能、备用容员、储能系统、能源交易、经济运行和环保情况等重要信息进行实时监控,再通过互联网将信息传送至控制中心,结合大数据、云计算等技术实现对产能和负荷的精确预测,把最优化配置指令通过互联网传输给各个组成部分。

2. 互动

一方面,能源互联网中的微电网、区域配电网、智能输电网等不同级别的电网之间,负荷预测、电源、备用容量、储能设备等重要信息通过互联网相互协调,实现各级电网内部的供需平衡,达到系统配置最优。另一方面,与传统电网不同,互联网使得信息更为透明和即时,终端用户可以通过互联网直观清晰地了解系统运行状态、市场电价信息、自身用电状况等,从而方便地参与到能源市场,比如购电、提出个性化的用能要求、购买增值服务、反馈用能体验等。在供热和天然气供应方面,用户得到的好处也与供电方面类似。

3. 对等

传统能源体系是自上而下单向流动的等级结构,而能源互联网内能源可以多向流动,呈现出扁平化的结构。在能源及互联网先进技术的支持下,终端微网之内的用户,既是能源的消费者,也可以是能源生产者或调节者,比如屋顶光伏余电上网、余热余压利用、利用备用设施或容量为微网提供共享服务、利用夜间充电而白天不用的电动汽车向电网反送电为电网调峰等。能源市场的参与度大大提高,终端消费者的能源利益将受到前所未有的重视,并延伸出新型能源服务等巨大的商机。

4. 共享

通过互联网技术,能源互联网可以实现负荷预测、备用容量、储能系统等信息及设备的共享,通过信息流和电力流的多向流动,促进能源高效利用和系统资源的优化配置。譬如,当前条件下,为了保障生产的持续性,几乎每个工厂都有不同规模的柴油机备用、热力锅炉备用或发电备用容量,备用容量往往占实际用能的20%~50%,这些设备绝大部分时间处于闲置状态,如果通过能源互联网建造集中的备用系统,或将各自的备用容量共享,就可大大减少备用容量的需求和闲置率。又如当前的用车市场就是共享经济的典型案例,通过互联网打车平台,打破原有的信息不对称,使得各类用车需求都能得到满足。这种共享经济,可以在不增加汽车总量的条件下,通过将闲置的汽车(包括私家车)调动起来,使得更多人的需求得到更好的满足。通过互联网技术、能源互联网可以实现负荷预测、备用容量、储能系统等信息及设备的共享,通过信息流和能量流的多向流动,促进能源高效利用和系统资源的优化配置。

3.2.3 我国能源互联网发展情况

目前,中国的能源互联网尚处于起步阶段,传统能源生产商与输配电服务商仍然主导市场格局。现有建设主要是新能源发电和智能微电网群示范项目,主要集中在新能源开发利用和新能源生产与消费形态的建设和示范应用方面。

1. 我国能源互联网发展目标

自2015年以来,各种形式的电力能源(火电、水电、风电以及太阳能发电)产能过剩问题日益凸显,火电年利用小时数不断下降,西北、西南等地弃光、弃风、弃水的问题加剧。国家在积极推动清洁能源替代和能源结构转型的同时,经济下行和产业结构调整导致用能需求不振,用户在经济上越来越难以承受较高的能源价格,能源行业的盈利增长日趋面临困难。但是,随着国家能源生产与消费革命的积极推进,能源产业的变革也为企业带来了前所未有的发展机遇。在技术进步、能源结构调整、体制改革、环境压力以及深层次的利益博弈等因素的推动下,能源互联网作为能源产业革命的突破口,备受国家重视,并于2016年相继发布《关于推进"互联网+"智慧能源发展的指导意见》(以下简称《意见》)、《关于推进多能互补集成优化示范工程建设的实施意见》等文件,明确将区域能源互联网作为国家能源互联网综合试点示范的主要形式之一。

《意见》指出"互联网+"智慧能源(能源互联网)是一种互联网与能源生产、传输、存储、消费以及能源市场深度融合的能源产业发展新形态,对提高可再生能源比重、促进化石能源清洁高效利用、推动能源市场开放和产业升级具有重要意义。《意见》提出:要推动集中式与分布式储能协同发展,开发储电、储热、储冷、清洁燃料存储等多类型、大容量、低成本、高效率、长寿命储能产品及系统;推动在集中式新能源发电基地配置适当规模的储能电站,实现储能系统与新能源、电网的协调优化远行;推动建设小区、楼宇、家庭应用场景下的分布式储能设备,实现储能设备的混合配置、高效管理、友好并网。

《意见》明确了能源互联网近十年的两个阶段发展目标:

第一阶段是2016—2018年,着力推进能源互联网试点示范工作,建成一批不同类型、不同规模的试点示范项目;攻克一批重大关键技术与核心设备,初步建立能源互联网市场机制和市场体系;初步建成能源互联网技术标准体系,催生一批能源金融、第三方综合能源服务等新兴业态;培育一批有竞争力的新兴市场主体;探索一批可持续、可推广的发展模式;积累一批重要的改革试点经验。

第二阶段是2019—2025年,着力推进能源互联网多元化、规模化发展,初步建成能源互联网产业体系,成为经济增长重要驱动力;建成较为完善的能源互联网市场机制和市场体系;形成较为完备的技术及标准体系并推动实现国际化,引领全球能源互联网发展;形成开放共享的能源互联网生态环境,能源综合效率明显改善,可再生能源比重显著提高,化石能源清洁高效利用取得积极进展,大众参与程度大幅提升,有力支持能源生产和消费革命。

2. 我国能源互联网发展战略方向

1) 能源互联网架构设计

能源互联网架构设计重点在能源互联网全局顶层规划、功能结构设计、多能协同规划、面向多能流的能源交换与路由等方面开展研发与攻关。

基于中国国情和产业现状,埃森哲[①]报告能源互联网至少应包括多种能源的生产与协调系统、智能化控制调度、分布式能源发电、微网、能源交易市场等关键环节,如图3-2所示。

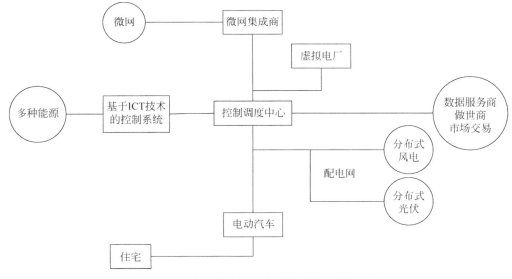

图3-2 以电网为主体的中国能源互联网示意图

---

① 埃森哲(Accenture),全球最大的上市咨询公司,提供战略、咨询、数字、技术和运营服务及解决方案。埃森哲研究中国能源互联网商业生态,通过分析数字化对未来能源价值链的重塑作用,以及对未来市场格局进行阶段化情景推演,帮助各类中国企业寻找更新自身能力、引领新市场的可能路径。

由此可见,中国的能源互联网将有助于实现分布式可再生能源产销机制的合理化与能源需求侧的高度客户关怀。它会使分布在全国各地的"能源产销合一者"与能源主干管网以实时、对等的方式双向交流、相互补偿,在微观上创造卓越的能源用户体验和生活品质,在宏观上实现供需平衡和低碳能源结构,并极大提升能源利用效率,最终使经济增长与能耗增长脱钩。

2) 能源与信息深度融合

能源与信息深度融合的重点在能量信息化与信息物理融合、能源互联网信息通信等方面。

能源互联网愿景的实现,在基础设施层面需要广泛普及宽带接入,使宽带用户与能源用户的数量和覆盖地区尽量重合。

3) 能源互联网衍生应用

能源互联网衍生应用重点在能源大数据、能量虚拟化、储能及电动汽车应用与管理、需求侧响应以及能源交易服务平台、智慧能源管理与监管支撑平台等方面开展研发与攻关。

科技发展是能源用户对能源产品和服务的期望值不断提升的主要驱动力。例如,移动技术开启了能源管理的新时代,手机有望成为企业与能源用户联系的首选渠道。随着智能电表的普及和物联网技术的应用,大数据分析和相关应用需求将发展成为一股颠覆性力量。

3. 我国能源互联网发展规划

基于能源互联网的产业特性,能源互联网的发展将经历从以能源为主的初级阶段到以信息为主的中级阶段的过程,如图 3-3 所示。初级阶段前期以电为主,通过电力的灵活交易,电价能够直接反映供需关系,引导资源进行优化配置;后期结合用户气、冷、热、电等多种用能需求,将各类高效能源技术根据需求和技术特点进行优化组合,结合各类能源交易和增值服务,形成综合能源服务模式。但初级阶段的前期、后期并不是截然分开的,主要依赖于项目实施的具体条件,包括环境约束、能源价格体系市场化程度和用户需求等。能源互联网中级阶段从以能源为主导过渡到以信息为主导,以物联网、大数据和云计算技术充分应用为基础,具有人工智能的特点。中级阶段除信息技术的大规模应用之外,有赖于全社会开放的电力、燃气等能源交易市场和碳排放、节能环保等约束类指标交易市场的建设,结合各类用户需求的标准化和个性化服务模式将普遍兴起。

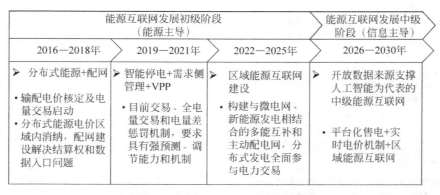

图 3-3 中国能源互联网发展路线图

埃森哲报告认为，中国能源互联网发展将经历以下四个阶段。

第一阶段，能源互联网发展的初级阶段。传统能源生产商与输配服务提供商仍然主导市场。不过随着能源行业进入门槛降低以及物联网设施加快部署，更多的分布式可再生能源将被纳入交易，能源企业将向"能源服务集成者"转型。未来五年将产生大量基于可再生能源、电动汽车及其他交通电气化的、基于智能电网、燃气管网大量建设的新的能源生产模式。

第二阶段，能源互联网进入中级阶段。基于分布式可再生能源、储能、普遍化的电力需求侧管理将成为坚实的业务增长支柱，基于千万级别存量电动汽车的能源生产、配送和消费新模式形成。以智能计算和流量数据分析能力为支撑的智能微网、虚拟电厂技术将会加速普及，平台化能源供给与能效服务模式互补出现，供应商与用户往往同时具有生产、消费、销售多重角色。

第三阶段，新的能源生产、配送、消费价值链将实现对传统价值链的大规模取代。家庭和工商业"能源产销合一者"加速涌现，分布式能源能够在骨干网络即插即用，蕴含生产运营和用户消费信息的数据将成为能源互联网中各利益相关方的重要资产，能源生产、加工、传输、配送、消费全产业链数据可共享用于支撑能源互联网交易平台。电动汽车及其他电动交通工具将在产量和增量上取代燃油交通工具，储能普遍化，分布式能源网络开始与集中式能源网络分庭抗礼。

第四阶段，中国的低碳能源结构将逐渐形成，单位GDP能耗降至后工业化发达国家水平。成功的能源企业将兼具产业技术与数字技术基因，以帮助用户降低能耗、减少排放、完善用能体验。

埃森哲报告也对中国各类企业如何进行价值挖掘提出了建议。对传统的能源电力企业来说，需要挖掘已有资产潜能，转型成为集成式能源服务供应商。报告认为，全球领先能源企业在服务创新中的经验值得同行借鉴：不同领域的传统能源企业在新商业生态系统中可转换为不同角色，但都是依托既有客户、资产和业务优势，挖掘核心业务价值、拓展周边增值产业和业务价值。

埃森哲的调研发现，对新兴能源企业而言，能源用户对从新竞争者处获得各种电力相关产品和服务持开放态度。新能源企业拓展了传统能源外的能源开发和利用领域，而能源服务企业则是能源互联网环境下孕育而生的新型企业，他们能提供从能源管理、能效提升解决方案到分布式能源系统运维租赁等服务。

信息通信技术企业也将在能源互联网中创造价值，他们能够利用移动技术和大数据分析的相关技术来探索绿色能源应用。这类企业缺乏能源领域专业知识，因此应该与传统企业取长补短。而对能源企业来说，需要将ICT企业视为战略合作伙伴，而不仅仅是购买其提供的软硬件或服务。

报告还认为，还有越来越多的跨界竞争者正在进入能源服务领域，如电信公司、安保公司、设备制造商等。这些跨界企业首先会引入节能、智能化等技术，改造现有产品，使能源设备、家电、电动汽车等具有节能和互联的特征。然后，跨界企业会通过延伸服务，进入家庭智能设备管理、能源管理等服务领域。

4. 我国能源互联网发展趋势

我国能源互联网建设覆盖多个领域和环节,包括与周边国家电网互联互通、大型清洁能源基地开发与送出、电能替代、智能电网、大型综合示范工程等,与电网主网架规划、配电网规划、电网智能化规划、营销规划、信息通信规划紧密结合。

1) 与周边国家电网互联互通规划

深化国际能源合作,推进"一带一路"建设。中亚地区水能、风电、太阳能等清洁能源丰富,俄罗斯远东、蒙古煤炭资源丰富,应积极促进和发展跨国电网互联,推动跨境能源通道建设,实现我国与东北亚、中亚国家电网互联互通,促进能源资源更大范围的优化配置,为构建全球能源互联网奠定基础。适时启动与东亚的日本、韩国等国互联和与南亚的印度、尼泊尔等国互联工程。

2) 清洁能源送出与消纳规划

根据我国清洁能源发展目标,2020年,我国西南水电装机达到2亿kW,西北、华北、东北形成7个千万kW级风电基地,新疆、青海、甘肃形成大型光伏基地,全国分布式光伏达到7000万kW。

3) 电能替代规划

积极落实国家清洁发展战略部署,加快推进"以电代油、以电代煤"。一是大力发展电动汽车充放电设施,主动服务轨道交通,推广港口岸电替代,减少石油依赖和燃油排放;二是将工业锅炉、居民取暖厨炊用煤改为用电,减少直燃煤排放。优化能源消费结构,减少大气污染,促进雾霾治理。

4) 电网智能化规划

积极落实国家"互联网+"行动计划,推动新技术、新设备、新材料在输变电设备中的应用,推广建设智能变电站,构建安全高效的输电网和可靠灵活的主动配电网,推进用电信息采集系统全覆盖,面向用户构建友好开放的互动服务平台,实施需求侧管理,引导用户能源消费新观念。到2020年,城网、农网供电可靠率分别达到99.99%和99.945%,电网与用户实现双向友好互动,电网智能化水平全面提升,确保电网安全、可靠、经济运行。

5) 重大创新示范规划

选择我国西部和京津冀、长三角城市圈等典型地区建设重大创新示范工程,集中攻关并示范应用能源互联网的各类关键技术,实现能源供给、消费、技术的重大集成创新,支撑清洁能源开发,提升用户体验度。示范项目包括:我国能源互联网张家口创新示范区,我国能源互联网西部创新示范基地,智能电网支撑智慧城市示范工程,海上风电检测综合示范工程。

3.2.4 我国能源互联网建设情况

构建能源互联网的目的是实现不同地区的各种能源、信息、价值的互联互通,而破解能源互联网的困境也应着力解决制约互联互通的瓶颈。中国的能源资源条件和历史开发基础,形成了集中式开发管理、专属性运营管理、条块化规划的能源管理制度,这种制度已不能适应新能源利用和分布式开发的趋势,也无法支撑构建现代能源市场体系。2016年2月29日,《关于推进"互联网+"智慧能源发展的指导意见》出台,明确了推进能源互联网发展的十大重点任务。

为推进新时代国家电网有限公司改革"再出发",加快建设具有全球竞争力的世界一流能源互联网企业,2019年国家电网有限公司印发了2019年公司1号文件《国家电网有限公司关于新时代改革"再出发"加快建设世界一流能源互联网企业的意见》,提出:推动电网与互联网深度融合,着力构建能源互联网;培育壮大发展新动能,创新能源互联网业态等八项重点工作,具体内容如下。

1. 推动电网与互联网深度融合,着力构建能源互联网

持之以恒地建设运营好以特高压为骨干网架、各级电网协调发展的坚强智能电网,不断提升能源资源配置能力和智能化水平,更好地适应电源基地集约开发和新能源、分布式能源、储能、交互式用能设施等大规模并网接入的需要,满足人民群众日益多样的服务需求。充分应用移动互联、人工智能等现代信息技术和先进通信技术,实现电力系统各个环节万物互联、人机交互,打造状态全面感知、信息高效处理、应用便捷灵活的电力物联网,为电网安全经济运行、提高经营绩效、改善服务质量,以及培育发展战略性新兴产业,提供强有力的数据资源支撑。承载电力流的坚强智能电网与承载数据流的电力物联网,相辅相成、融合发展,形成强大的价值创造平台,共同构成能源流、业务流、数据流"三流合一"的能源互联网。

2. 培育壮大发展新动能,创新能源互联网业态

全方位、多层次开展创新,加快构建能源互联网新业态,为公司可持续发展注入新动能。深化科技管理体制机制改革,健全企业为主体的产学研用一体化创新机制,完善成果转化、收益分享、创新容错等配套制度,激发各要素活力。采用团队引进、人才引进、项目引进等多种方式,加大高科技人才培养引进力度,加快基础性、前瞻性能源互联网技术研究。全面推广"网上国网",完善现代服务体系,持续优化电力营商环境,推进供电服务网络化、互动化、定制化。研究探索利用变电站资源建设运营充换电(储能)站和数据中心站的新模式,积极推动公司通信光纤网络、无线专网和电力杆塔商业化运营,拓展服务客户新空间。大力开拓电动汽车、电子商务、智能芯片、储能、综合能源服务等新兴业务,促进新兴业务和电网业务互利共生、协同发展。

3. 扩大开放合作共享,打造能源互联网生态圈

加大资本、技术、市场开放力度,积极与利益相关方共商共建共享,努力开创合作共赢新格局。加快混合所有制改革,在特高压直流输电、增量配电、综合能源服务、抽水蓄能、通用航空、金融等领域,积极吸引社会投资,放大国有资本功能。深化"双创"示范基地建设,建立成果孵化转化平台,打造中央企业"双创"升级版。积极主动与地方政府、企业、用户开展互利合作,加快构建智慧能源综合服务平台,共同推进清洁能源消纳、综合能源服务。充分利用电网数据、技术、标准优势,加强与新经济和互联网企业合作,积极参与新能源、智能制造、智能家居、智慧城市等新兴业务领域的开拓建设,加快构建围绕能源互联网发展的产业链、生态圈。发挥电网网络优势,大力实施服务脱贫攻坚十大行动计划,助力地方经济社会发展。

4. 坚定推进电力改革,发挥市场配置资源决定性作用

全面贯彻中发 9 号文件要求,坚持走符合我国国情、具有中国特色的电力市场化改革道路,加快建设全国统一电力市场体系,推动电力体制改革落地见效。全面完成交易机构股份制改造,稳妥推进现货市场建设,着力打破省间市场壁垒,积极释放改革红利。推动多元市场主体参与市场交易,大幅提高市场化交易规模。推动增量配电试点项目落地,完善运作模式和管控机制,打造典型示范项目,提高优质服务水平。配合开展电价第二个监管周期成本监审和价格核定,健全输配电价体系,确保合理电价水平。推动建立国家层面东西帮扶机制和电力普遍服务机制,保障电力基本公共服务能力。

5. 变革管理体制机制,努力增强企业内生动力

按照国务院国有资产监督管理委员会"三个领军""三个领先""三个典范"世界一流示范企业建设标准,大力推进公司管理转型升级,着力补齐管理短板,加快建设具有全球竞争力的世界一流能源互联网企业。优化集团管控模式和运行机制,按照权责匹配原则,全面推进公司"放管服"工作,突出总部抓总、强化二级做实、着力基层强基,加快建立责任清单和负面清单制度,减少基层报批报审事项,压紧压实各单位责任。坚持以客户为中心,完善市县公司管理运营模式,优化组织架构,精简业务流程,强化业务协同,重视客户体验,提高业务效率和服务水平。调整完善市场竞争类产业、金融单位的管理方式,选取部分产业单位开展授权经营试点,落实企业经营自主权。推动金融单位形成有效制衡的法人治理结构,建立灵活高效的市场化经营机制。落实党和国家监督体系改革要求,坚持依法治企,健全完善纪检、监察、审计和巡视工作体制机制,发挥各类监督综合效能。深化全面风险管理,强化关键业务领域风险管控。

6. 优化经营管理策略,推动质量效益型发展

围绕枢纽型、平台型、共享型现代企业建设,适应输配电价监管要求,持续优化公司经营管理策略,强化精准投资,稳健运营,推动公司发展方式从规模扩张型向质量效益型转变。统筹公司发展战略和各单位经营实际,进一步优化投资规模、结构、节奏、时序,提高发展质量和投入产出效率。强化规划、建设、运检、营销、物资等多专业协同,深化设备全寿命周期管理,落实"质量强网"战略,打造现代(智慧)供应链,筑牢能源互联网质量根基。加快推进多维精益管理变革,把价值管理向业务终端延伸,不断提高管理的科学性、有效性和精准度。加大资本统筹运作力度,优化资本布局和结构,提高股权融资比例和资产证券化水平,提升资本运营效率效益。落实"去提创"要求,调整优化装备制造业产业布局,坚决退出低端业务。深化产融协同,提升金融单位服务主业能力、盈利能力、抗风险能力和市场竞争力。深化集体企业改革,加快建立现代企业制度,提高集体企业服务能源互联网建设的能力和水平。持续推进"压减"工作,加快亏损企业治理,积极清理处置低效无效投资。稳妥解决医疗疗养等历史遗留问题。

7. 深化三项制度改革,调动激发干部职工活力

贯彻落实新时代党的组织路线和干部方针,强化党员干部新时代新担当新作为。深化

干部人事制度改革,努力打造忠诚、干净、担当的干部队伍。结合董事会职权落实,推进领导人员任期制,在市场化单位试点建立职业经理人制度。深化劳动用工制度改革,强化劳动合同、岗位管理,畅通职工职业发展通道,促进管理人员能上能下、员工能进能出。深化收入分配制度改革,完善考核激励机制,实行企业业绩考核,严格考核管理,考核结果与岗位升降、薪酬增减相挂钩,实现收入能增能减。在科技型企业、新兴业务类企业,通过岗位分红、项目收益分红、股权激励等方式,加快建设中长期激励机制,努力激发核心骨干、专家人才动力活力。

8. 创新国际业务发展方式,推动国际化再上新台阶

拓展全球视野,深化国际合作,健全国际业务管理,进一步提升公司国际化发展水平。创新国际业务管理体制机制,充分发挥综合业务部门、专业管理部门和各单位的优势,提升境外业务管理运营能力。服务"一带一路"建设,加大境外电网投资、建设和运营力度,积极稳健参与境外优质资产并购、绿地项目开发、工程总承包等国际竞争,开展长期化、市场化、本土化经营。适应全球经济发展新变化、新趋势,细化管控措施,有效防范各种风险。坚持"走出去"与"引进来"相结合,学习国际先进技术与管理经验,引进国际资本,提高能源互联网发展质量与水平。积极参与国际标准制定,增强公司国际话语权和品牌影响力。

3.3 电力物联网

近年来,随着社会经济的迅猛发展及能源需求的日益增长,能源供应的压力不断增大。同时,大量煤炭、石油等非清洁能源的使用所带来的环境污染问题也日益严重。因此,未来的电力系统必然将为可持续的全球经济增长提供高渗透率的清洁分布式能源。大量分布式能源的不断接入给电力系统的经济运行和安全管理提出了前所未有的挑战。物联网技术正处于应对这一挑战的最前沿,它可以通过泛在的感知技术赋予电力系统动态的灵活感知、实时通信、智能控制和可靠的信息安全等能力,不断提升电网运行控制和调度的智能化水平,持续深入提高各种类型能源之间的互动能力,从而使电网从单纯的电力传输网络向智能能源信息一体化基础设施扩展,将现有的电力系统转变为更高效、更安全、更可靠、更具弹性和可持续性的智能网络化电力能源系统。

当今世界已全面进入了数据化信息互联时代,谁能更快捷、高效地获取多样化的信息数据,谁就能更快一步挖掘映射出行为与数据的模态关系,从而制定相适应的运营策略,进一步抢占市场先机,增加企业竞争力。随着电价体制改革的推进,以及新能源大规模高密度接入的发展态势,电网形态发生变化、企业经营遇到瓶颈和社会经济形态发展变化是当前电力行业面临的三大突出问题,顺应能源革命和数字革命融合发展趋势,建设电力物联网是发展变革的根本途径。

3.3.1 基本概念

在当今社会中,物联网技术已经引起了世界各国和各个行业的重视,而且物联网技术在电网中的应用已经成功地引起了电网行业的升级与转型。我国也正在积极地掌握物联网技术,并且将物联网技术运用到各个行业中。为了实现这个目标,2018年2月7日,国家电网有限公司提出"打造全业务泛在电力物联网,建设智慧企业,引领具有卓越竞争力的世界一流能源互联网企业"。

1. 物联网的基本概念

物联网概念第一次提出于英国,起源于特洛伊咖啡壶事件。在随后的5年内,比尔·盖茨在《未来之路》中再次提到了物联网概念,并且对物联网有了一定的构想,在其构想中的一些事物已经成为当今社会中真实存在的,如数字产品、电子产品、智能产品等。随后,物联网逐渐具有了比较清晰的概念,并且英国的工程师第一次提到了将物联网与因特网相连接,从而实现全世界在物联网上的联系。最终由国际电信联盟给出权威的物联网概念:通过网络将每个目标物体连接,可以实现人与人之间随时的沟通交流,而且物联网不限于人与人,还拓展了人与物、物与物之间的信息获取。

2. 电力物联网的基本概念

由于全世界都在积极地掌握物联网技术,所以物联网技术得到了快速的发展,已经深入人类生活的各个方面。作为当前最复杂、最庞大的系统,电力系统正在影响着全国十几亿人的生活。人们对于电力系统的要求也在不断提高,所以为了保证电力系统的智能化和安全性,电力系统结合物联网技术已经成为必然趋势。

在电力行业专家人士不断的努力下,我国在2010年对电力行业的物联网有了一些理解:所谓的物联网就是就类似于一个系统,可以实现对基础电网、人员以及周围环境的感知,控制电力电网。物联网类似于一个实体的网,每个人、物都存放于不同的位置,通过网连接了成百上千的人与物。实体之间的互动与协助,使得物体之间具有紧密的联系,具备高度的协同、感知与控制能力。

2019年3月8日,国家电网组织召开泛在电力物联网建设工作部署电视电话会议,会议明确提出:围绕"三型两网、世界一流"的战略目标,国家电网全面启动电力物联网建设。电力物联网是指围绕电力系统各环节(用户、电网、发电、供应商和政府等),充分应用"大云物移智链"等现代信息技术、先进通信技术,实现电力系统各环节万物互联、人机交互,具有状态全面感知、信息高效处理、应用便捷灵活的智慧服务系统。而泛在物联指的是任何时间、地点、人、物之间的信息连接和数据交互,是物联网技术与我国电力系统的深度融合。

电力物联网是国家电网提出推进"三型两网"建设、打造世界一流能源互联网当中的第二张网。从定义上看,它是能源互联网生态圈中的其中一部分;从能源结构上看,它将进一步降低我国煤电结构比例,支持大规模分布式发电、储能系统接入;从受众范围上看,电力物联网重点打造电力用户侧,它将建立的是在电力供给侧和使用侧全产业链上的物理互联、信息互联与商业互联。电力物联网将电力用户及其设备、电网企业及其设备、发电企业及其设备、供应商及其设备,以及人和物连接起来,产生共享数据,为用户、电网、发电、供应商和政府社会服务。以电网为枢纽,发挥平台和共享作用,为全行业和更多市场主体发展创造更大机遇,提供价值服务。

电力物联网技术架构包括感知层、网络层、平台层、应用层4个层次,具体建设内容包括对内业务、对外业务、数据共享、基础支撑、技术攻关和安全防护6个方面和11个重点方向,其构架如图3-4所示。

图 3-4 电力物联网的技术构架

在感知层,重点是统一终端标准,推动跨专业数据同源采集,实现配电侧、用电侧采集监控深度覆盖,提升终端智能化和边缘计算水平。在网络层,重点是推进电力无线专网和终端通信建设,增强带宽,实现深度全覆盖,满足新兴业务发展需要。在平台层,重点是实现超大规模终端统一物联管理,深化全业务统一数据中心建设,推广"国网云"平台建设和应用,提升数据高效处理和云雾协同能力。在应用层,重点是全面支撑核心业务智慧化运营,全面服务能源互联网生态,促进管理提升和业务转型。

电力物联网是物联网在电力行业的具体应用,是电力设备、电力企业、电力用户、科研机构等与电力系统相关的设备及人员之间的信息连接和交互。通过应用大数据、云计算、物联网、移动互联、人工智能、区块链、边缘计算等信息技术和智能技术,汇集各方面资源,为规划建设、生产运行、经营管理、综合服务、新业务新模式发展、企业生态环境构建等各方面,提供充足有效的信息和数据支撑。建设电力物联网是社会和科技发展的必然。

3.3.2 电力物联网基本特征

电力物联网立足现有电网实体与通信技术,将不同能源系统物理互联、时空信息互联、商业互联相融合,它具有全息感知、泛在连接、开放共享以及融合创新的特点。

1. 连接

连接是互联网思维的重要元素,尤其在移动互联网时代,连接即信息,连接即服务,连接即价值,有了连接才会有数据流和价值链。连接是电力物联网最基本、最基础、最基层的特性,没有了连接,就没有了物联网,更不会产生数据和价值。而泛在连接,其内核还是需求,在需求基础上的互相连接,往往衍生出新的功能、效能,遵照一定的需求进行挖潜、分析,为需所用,产生阶梯级的生态共赢和价值递增。

2. 网格

电力物联网是多维度、多层次、全方位的互联,也就是网联,各种设备设施、数据资源、人员管理等要素无不互联,这样就形成了网格化连接。网格的内核还是电网,以电网为核心,既包括各级电网主网,也包括城乡配网。电网内外部的人-机-设备-云互联互通,实际上也就是电网基础设施、人员及其环境识别、感知、互联与控制的网格化连接。其实质是实现各种物理设备上的信息传感设备与通信信息资源的(互联网、电信网、电力通信专网)结合,使得有关物体相互感知和反馈、作用,形成更加智能的电力生产、输送、服务等全环节的综合体。

3. 重构

电力物联网建设是一项跨专业、跨地域、跨系统的伟大工程,将带来电力系统各环节浴火重生、凤凰涅槃式的颠覆与重构。进行根本性的、系统性的探索和创新,一定会打破原有的流程、标准、规则等,以全新的方式将电网资源生产侧、流通侧、消费侧贯通,以用户需求为导向,以互联互通为手段,以业务痛点盲区为突破,优化配置能源、数据、设备、技术、人才等全要素,带来电网高质量发展。

4. 共享

近年在资本市场和新兴服务领域刮起了共享经济之风,共享改变了人们对设备、设施、资源、服务等的传统认知,起到绿色、节能、分享的经济模式和社会关系体系。共享也是国家电网有限公司"三型两网"世界一流能源互联网企业目标的题中之义,"三型"就是指枢纽型、平台型、共享型,"共享"也是电力物联网建设到一定阶段要达到的较高目标。

"电力物联网"既然有枢纽型、平台型的特征,围绕电力系统各环节,应用现代信息技术和先进通信技术,实现电力系统各环节万物互联、人机交互,电力系统原有的专业壁垒、信息不对称、系统不融合等现象必须要打破,也只有达到各专业间、各业务模块间、各业务流程中数据共享、业务融合、专业融通,才能达到电力物联网状态全面感知、信息高效处理、应用便捷灵活的智慧系统目标。

目前,国家电网有限公司实行的是内网与外网隔离运行的状态,这为信息数据共享带来了关键性的阻力。所以,建设电力物联网,其先决条件就是安全性,系统的安全、网络的安全、技术的安全、设备的安全、人员的安全等,在安全前提下,打通内外网,建设系统云,方能实现真正意义上的共享。

3.3.3 我国电力物联网发展情况

根据国家电网有限公司发布的消息,将对建设电力物联网作出全面部署,预计到2021年,初步建成泛在电力物联网,基本实现业务协同和数据贯通,初步实现统一物联管理,使各级智慧能源综合服务平台具备基本功能,支撑电网业务与新兴业务发展。到2024年,完全建成泛在电力物联网,全面实现业务协同、数据贯通和统一物联管理,全面形成共建、共治、共享的能源互联网生态圈。

2019年以来,电力物联网被广泛提及,业界高度重视电力物联网的发展,业内相关企业的股票也出现上涨,电力物联网能增强装备制造业竞争能力,其重要性与日俱增。中能国电集团董事局主席王一莉认为,建设泛在电力物联网是促进电力能源共建、共筹、共享,促进电力行业智能化升级的必由之路。

在技术层面上,2018年的国网信通工作会议上就提出了"打造全业务泛在电力物联网,建设智慧企业,引领具有卓越竞争力的世界一流能源互联网企业建设"的工作目标,并提出了建设国网-电力物联网 SG-eIoT(electric Internet of Things)的技术规划。将综合运用"大云物移智"等信通新技术,与新一代电力系统相互渗透和深度融合,实时在线连接能源电力生产和消费各环节的人、机、物,全面承载并贯通电网生产运行、企业经营管理和对外客服服务等业务。在终端层表现为万物互联的连接能力,在网络层表现为无处不在、无时不有的通信能力,在平台层表现为对全景设备和数据的管控能力。整个SG-eIoT系统在技术上将分为终端、网络、平台、运维、安全五大体系,打通输电业务、变电业务、配电业务、用电业务、经营管理五大业务场景,通过统一的物联网平台来接入各业务板块的智能物联设备,制定各类电力终端接入系统的统一信道、数据模型、接入方式,以实现各类终端设备的即插即用。

电力物联网有望成为接入设备最多的物联网生态圈。参考国家电网互联网部的数据,目前国网已拥有庞大的联网设备规模与海量数据。接入智能电表等各类终端5.4亿台(套),采集数据日增量超过60TB,覆盖全国约4.71亿客户的用电信息实现在线采集,车联网接入充电桩超过28万个。另据输配电联盟披露的数据,目前除了电表,国网系统接入的各类保护、采集、控制设备达数千万台。规划到2030年,接入系统的设备数量将达到20亿,整个电力物联网有望成为接入设备最多的物联网生态圈。

当前,随着5G、人工智能、物联网和边缘计算等技术的快速发展和应用,涉及工业互联网、能源互联网、智慧城市等行业的不同应用场景。电力物联网作为一项战略性的基础设施,依托于以上新技术的加持,将在未来十年里快速发展,非传统电力设备领域将迎来更大的发展空间,届时普通消费者能和企业一起,真正体验到电力物联网的便利。

3.3.4 我国电力物联网建设情况

1. 电力物联网建设目标

充分应用"大云物移智链"等现代信息技术、先进通信技术,实现电力系统各个环节万物互联、人机交互,大力提升数据自动采集、自动获取、灵活应用的能力,对内实现"数据一个源、电网一张图、业务一条线""一网通办、全程透明",对外广泛连接内外部、上下游资源和需求,打造能源互联网生态圈,适应社会形态、打造行业生态、培育新兴业态,支撑"三型两网"世界一流能源互联网企业建设。具体目标如图3-5所示。

对内业务	• 实现数据一次采集或录入、共享共用,实现全电网拓扑实时准确,端到端业务流程在线闭环。 • 全业务统一入口、线上办理,全过程线上及时反映。
对外业务	• 建成"一站式服务"的智慧能源综合服务平台,各类新兴业务协同发展,形成"一体化联动"的能源互联网生态圈。 • 在综合能源服务等领域处于引领位置,新兴业务成为公司主要利润增长点。
基础支撑	• 推动电力系统各环节终端随需接入,实现电网和客户状态"实时感知"。 • 推动公司全业务数据统一管理,实现内外部数据"即时获取"。 • 推动共性业务和开发能力服务化,实现业务需求"敏捷响应、随需迭代"。

图3-5 电力物联网建设目标

紧紧抓住2019年到2021年这一战略突破期,通过三年攻坚,到2021年年初步建成泛在电力物联网;通过三年提升,到2024年建成泛在电力物联网。具体阶段目标如图3-6所示。

第一阶段:到2021年

初步建成泛在电力物联网:
- 对内业务方面:基本实现业务协同和数据贯通,电网安全经济运行水平、公司经营绩效和服务质量显著提升,实现业务线上率100%、营配贯通率100%、电网实物ID增量覆盖率100%、同期线损在线检测率100%、公司统计报表生成率100%、业财融合率100%、调控云覆盖率100%;
- 对外业务方面:初步建成公司级智慧能源综合服务平台,新兴业务协同发展,能源互联网生态初具规模,实现涉电业务线上率达70%;
- 基础支撑方面:初步实现统一物联管理,初步建成统一标准、统一规模的数据中台,具备数据共享及运营能力,基本实现对电网业务与新兴业务的平台化支撑。

第二阶段:到2024年

建成泛在电力物联网:
- 对内业务方面:实现全业务在线协同和全流程贯通,电网安全经济运行水平、公司经营绩效和服务质量达到国际领先;
- 对外业务方面:建成公司级智慧能源综合服务平台,形成共建共治共赢的能源互联网生态圈,引领能源生产、消费革命、实现涉电业务线上率90%;
- 基础支撑方面:实现统一物联管理,建成统一标准、统一规模的数据中台,实现对电网业务和新兴业务的全面支撑。

图 3-6　电力物联网建设阶段目标

2. 建设原则

1)统一标准,鼓励创新

坚持统一数据管理,系统建设必须严格遵循公司统一的SG-CIM数据模型和数据采集、定义、编码、应用等标准,确保数据共享。坚持统一应用接口、统一门户入口、统一技术路线,确保应用横向互联、纵向贯通。坚持顶层设计和基层创新相结合,鼓励基层单位因地制宜,先行先试。

2)继承发展,精准投资

在现有基础上缺什么补什么,整合完善,打通数据,避免推倒重来,需要什么开发什么,哪里薄弱加强哪里。技术性和经济性均可行的,大力推广;技术上可行但经济性待评估的,试点储备;投入较大、短期内看不到效果的,不大范围示范。要把谁用、如何用、使用频度作为是否立项的原则,确保精准投资。通过新技术应用节约投资,省钱就是赚钱。

3)集约建设,共建共享

统筹公司内部建设成果,避免重复投资开发和试点示范,推动成果共享复用,发挥集约效应。各业务终端应充分考虑所有其他专业需求,配用电侧采集装置、通信资源、边缘计算、数据资源跨专业复用,推动各专业共建共享。加强外部成熟技术合作,统筹内外部资源高效推进,确保高质量发展。

4)经济实用,聚焦价值

电力物联网建设的关键是应用,要充分考虑实用性、经济性和基层应用的便捷性,在实用、实效上下功夫,实用才有实效,让一线人员更好用、更愿用,为基层班组减负。要聚焦价值作用发挥、政府社会关切、客户极致体验、公司核心业务、新兴业务发展。

3. 电力物联网建设内容

电力物联网建设内容包括对内业务、对外业务、数据共享、基础支撑、技术攻关和安全防护6个方面,11个重点方向,具体内容如图3-7所示。

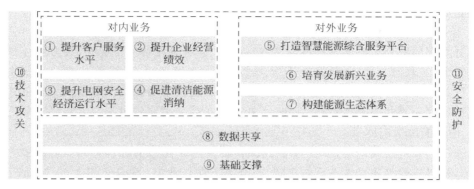

图3-7 电力物联网建设内容

1) 提升客户服务水平

以客户为中心,开展电力物联网营销服务系统建设,优化客户服务、计量计费等供电服务业务,实现数据全面共享、业务全程在线,提升客户参与度和满意度,改善服务质量,促进综合能源等新兴业务发展。推广"网上国网"应用,融通业扩、光伏、电动汽车等业务,统一服务入口,实现客户一次注册、全渠道应用、政企数据联动、信息实时公开。

2) 提升企业经营绩效

实施多维精益管理体系变革,统一数据标准,贯通业财链路,推动源端业务管理变革,实现员工开支、设备运维、客户服务等价值精益管理,挖掘外部应用场景,开展价值贡献评价,实现互利共赢。围绕资产全寿命核心价值链,全面推广实物ID,实现资产规划设计、采购、建设、运行等全环节、上下游信息贯通;建设现代(智慧)供应链,实现供应商和产品多维精准评价、物资供需全业务链线上运作,提升设备采购质量、供应时效和智慧运营能力。

3) 提升电网安全经济运行水平

围绕营配调贯通业务主线,应用电网统一信息模型,实现"站-线-变-户"关系实时准确,提升电表数据共享即时性,构建电网一张图,重点实现输变电、配用电设备广泛互联、信息深度采集,提升故障就地处理、精准主动抢修、三相不平衡治理、营配稽查和区域能源自治水平。立足交直流大电网一体化安全运行需要,引入互联网思维,建设"物理分布、逻辑统一"的新一代调度自动化系统,全面提升调度控制技术支撑水平。打造"规划、建设、运行"三态联动的"网上电网",实现电网规划全业务线上作业;开展基建全过程综合数字化管理平台建设,推进数字化移交,提升基建数字化管理水平。

4) 促进清洁能源消纳

全面深度感知源网荷储设备运行、状态和环境信息,用市场办法引导用户参与调峰调频,重点通过虚拟电厂和多能互补提高分布式新能源的友好并网水平和电网可调控容量占比;采用优化调度实现跨区域送受端协调控制,基于电力市场实现集中式新能源省间交易和分布式新能源省内交易,缓解弃风弃光,促进清洁能源消纳。

5) 打造智慧能源综合服务平台

以优质电网服务为基石和入口,发挥国网公司海量用户资源优势,打造涵盖政府、终端客户、产业链上下游的智慧能源综合服务平台,提供信息对接、供需匹配、交易撮合等服务,为新兴业务引流用户；加强设备监控、电网互动、账户管理、客户服务等共性能力中心建设，为电网企业和新兴业务主体赋能，支撑"公司、区域、园区"三级智慧能源服务体系。

6）培育发展新兴业务

充分发挥国网公司电网基础设施、客户、数据、品牌等独特优势资源，大力培育和发展综合能源服务、互联网金融、大数据运营、大数据征信、光伏云网、三站合一、线上供应链金融、虚拟电厂、基于区块链的新型能源服务、智能制造、"国网芯"和结合 5G 的通信、杆塔等资源商业化运营等新兴业务，实现新兴业务"百花齐放"，成为国网公司新的主要利润增长点。

7）构建能源生态体系

构建全产业链共同遵循，支撑设备、数据、服务互联互通的标准体系，与国内外知名企业、高校、科研机构等建立常态合作机制，整合上下游产业链，重构外部生态，拉动产业聚合成长，打造能源互联网产业生态圈。建设好国家双创示范基地，形成新兴产业孵化运营机制，服务中小微企业，积极培育新业务、新业态、新模式。

8）打造数据共享服务

基于全业务统一数据中心和数据模型，全面开展数据接入转换和整合贯通，统一数据标准，打破专业壁垒，建立健全国网公司数据管理体系。打造数据平台，统一数据调用和服务接口标准，实现数据应用服务化。建设企业级主数据管理体系，支撑多维精益管理体系变革等重点工作。开展客户画像等大数据应用，开发数字产品，提供分析服务，推动数据运营。

9）夯实基础支撑能力

在感知层，重点是统一终端标准，推动跨专业数据同源采集，实现配电侧、用电侧采集监控深度覆盖，提升终端智能化和边缘计算水平；在网络层，重点是推进电力无线专网和终端通信建设，增强带宽，实现深度全覆盖，满足新兴业务发展需要；在平台层，重点是实现超大规模终端统一物联管理，深化全业务统一数据中心建设，推广"国网云"平台建设和应用，提升数据高效处理和云雾协同能力；在应用层，重点是全面支撑核心业务智慧化运营，全面服务能源互联网生态，促进管理提升和业务转型。

10）技术攻关与核心产品

打造电力物联网系列"国网芯"，推动设备、营销、基建和调度等领域应用。制定关键技术研究框架，完成技术攻关与应用研究，研发物联管理平台、企业平台、能源路由器、"三站合一"成套设备等核心产品，推动基于"国网芯"的新型智能终端研发应用，建立协同创新体系和应用落地机制。

11）全场景安全防护

构建与国网公司"三型两网"相适应的全场景安全防护体系，开展可信互联、安全互动、智能防御相关技术的研究及应用，为各类物联网业务做好全环节安全服务保障。

4. 电力物联网建设现状

电力物联网提出以来，引起社会各界强烈反响，资本市场广泛认可。国家电网有限公司全面推进电力物联网建设，发布泛在电力物联网建设大纲，编制形成泛在电力物联网 2019 年建设方案，明确了全年建设任务，涉及对内业务、对外业务、数据共享、基础支撑、技术攻关、安全防护 6 大方面、57 项建设任务，以及省、地市、县、园区 4 个层级、25 项大型综合示范工程。制定电力物联网关键技术研究框架，凝练出十大科研方向，聚焦智能芯片、智能传感及智能终端、物联网平台、人工智能等20余项基础性、前瞻性、战略性关键技术,以及"国网芯"、能源路由器、多站融合成套设备等10余项核心产品,集中力量开展攻关研究。2019年启动电力物联网科技项目49个。

截至2019年10月底,国家电网有限公司泛在电力物联网建设总体按计划开展。国家电网有限公司先后召开公司泛在电力物联网建设工作推进电视电话会议、创建世界一流能源互联网企业办公室2019年第六次会议,审议省级智慧能源服务平台等9项方案。完成泛在电力物联网2019年新增项目方案,启动编制2020年公司泛在电力物联网重点建设任务大纲和泛在电力物联网初步建成评价标准框架,开展理论体系、生态圈机制、运营模式等研究。电力物联网在安全生产、客户服务、经营管理、基础支撑、交流宣传等方面建设工作取得积极成效。

在安全生产方面,开展设备侧物联网顶层架构设计,统筹设备侧物联网建设任务;开展输变电设备传感器和节点装置协议互通、功耗、可靠性等测试工作。发布基建"e安全"应用,推进现场人员管控、视频监控等功能在基层落地。深化调控云建设与应用,扩展数据接入范围;推进源网荷储多元协调泛在调度建设;开展新一代电力调度自动化系统设计开发。

在客户服务方面,深入推进营配贯通,停电分析到户率达到95%以上;精准推送停电信息5000余万条,减少停电报修电话14.5%;提升客服坐席精准服务能力,客户内部故障工单占比下降9个百分点。完成第二批10家单位"网上国网"上线应用,推广注册用户达720万人,绑定户号213万余个,月活52%。开展营销2.0集中设计,完成443个业务场景梳理及35个业务场景说明书、交互界面说明书编写。

在经营管理方面,推进多维精益管理体系变革,分业务板块召开研讨会,协调解决有关问题;印发《公司级组织数据融合与共享工作方案》,推进"四个一"试点建设。现代(智慧)供应链"e物资"上线试运行;完成智慧运营中心业务标准设计,推进功能研发。"网上电网"完成16个专项场景功能研发,推进8家单位试点实施和数据接入;开展同期线损监测治理。完成总部和两家省公司外网移动办公上线应用,公司内外网移动办公已累计使用超过130万人次,办理文件约3.4万份,发文、签报平均流转时长缩短了35%。

在基层创新方面,河北公司建设"无忧用电"应用,聚合社会闲置蓄电池、发电车(机)等应急供电及照明设备45套,完成设备租赁交易67笔。冀北公司开展虚拟电厂标准研究与试点建设,其虚拟电厂示范工程被写入国际电工委员会(IEC)标准用例,并在第83届IEC峰会展示虚拟电厂模拟环境。重庆公司积极拓展能源业务服务,其下属综合能源服务公司试点为重庆电信213个基站提供电源托管服务。电子商务公司运用区块链技术,实现可再生能源电力消纳凭证签发、交易等全流程的透明可控,解决原先流程烦琐等问题。电动汽车公司推进"e车购"电动汽车新零售平台应用,开展乡村电动汽车新零售试点工作部署,首推"充电套餐"模式。

在业务拓展方面,完成新能源云公司内部运行管理、消纳能力计算等功能在宁夏公司试点上线运行。源网荷储6个试点项目投运,共计接入负荷9万千瓦,用户能效平均提升15%~25%,效果良好。电工装备智慧物联应用完成研发环境准备,开展需求设计和供应商数据接入工作。线上产业链金融方面,制定保险、供应链金融等业务交互方案;推进系统对接和数据集成。

在基础支撑方面，印发《关于加快推进国网云和数据中台建设的指导意见》；在集团框架采购基础上，组织各单位完成云和数据中台软件自主选择，开展平台建设培训；推进总部及三地数据中心云和数据中台规划及建设部署。推进智慧物联体系统一设计，开展设备侧、客户侧物联网技术研讨；完成物联管理平台定制需求分析和总体设计，启动定制开发。印发区块链技术研究与试点应用方案、人工智能基础支撑能力 2019 年建设方案；编制完成公司区块链研究与应用情况专报。成功举办公司 2019 年大数据应用暨信息运行和网络安全技能大赛。编制完成公司 2020 年电网信息化项目储备指南。

在交流宣传方面，国家电网有限公司召开《泛在电力物联网白皮书 2019》新闻发布会，向社会发布电力物联网建设的背景意义、目标方向、价值作用及创新实践，凝聚各方共识。新华社、中央广播电视总台、科技日报、中新社、香港文汇报等主要媒体、财经媒体、行业媒体、新媒体到会采访报道，刊发重点报道 50 余篇。参加世界互联网大会、太原能源低碳发展高峰论坛、国际电工委员会（IEC）大会、国际大电网委员会（CIGRE）南部非洲区域会议、国际电力设备及技术展览会、国际进口博览会等活动，组织在中央广播电视总台、人民日报客户端、科技日报等刊发《建设泛在电力物联网助推新一轮能源革命》《国家电网泛在电力物联网掀起"智慧云生活"》等报道，各界热议电力物联网推动能源低碳转型、助力国家治理现代化、满足人民美好生活用能需要，宣传公司"三型两网"战略理念和电力物联网建设相关成果。

习题

1. 智能电网的环节有哪些？
2. 简述我国智能电网发展规划。
3. 简述智能电网的基本特征。
4. 简述能源互联网的基本特征。
5. 简述电力物联网的基本特征。
6. 电力物联网技术架构包括哪些层面？
7. 我国电力物联网建设原则是什么？

第 4 章

电力营销管理信息系统

随着电力市场改革步伐的加快,我国电力工业管理体制发生重大转变,各级供电企业均面临新的挑战。电力企业的工作重点已经由单一安全生产转变为以经济效益为中心的全方位综合发展。为供电企业创造更好的社会效益和经济效益已经成为电力营销管理信息系统的重要目标。

4.1 电力营销管理信息系统概述

4.1.1 电力营销管理理念与设计思想

1. 电力营销中的管理思想

电力营销是以满足人们对电力及其服务的需求和欲望为目的,通过电力市场将潜在的电能交换变为现实交换的活动。电力产品不同于其他形式的产品,其交易过程经过发电、输配电、供电等环节,最后才到终端用户,整个交易过程是瞬时完成的。因此电力营销的重点是针对终端用户的营销,而电力市场是由不同的客户组成的,他们的负荷特性、对电价的敏感程度及电能质量的要求等均存在差异,在这种情况下,企业要获得利润并保持市场占有率,就必须以客户为中心,提高服务质量,必须开发新的产品和服务种类,促进电力产品的消费,以满足各类客户的不同需求。如何根据客户的不同特点进行客户细分以采取不同的营销组合策略成为电力营销管理工作的重要内容。

电力营销中还有一种称为需求侧管理(demand side management, DSM)的思想,即在政府的指导下,电力公司采取有效的激励、指导措施以及适宜的运作方式,与用户共同协力采用各种有效的节电技术和负荷管理措施,在保持能源服务水平的前提下,提高终端用电效率,改变用电方式,减少电量消耗和电力需求所进行的一种管理活动。

电力需求侧管理(DSM)特别符合当前节能环保工作的要求,其思想内涵主要表现在:

(1) 改变了电力规划中传统的资源观念,把节电也作为一种资源纳入电力规划,把节电规划和电源开发融为一体,把节电资源和供电资源置于同等地位参与竞争,达到合理配置资源的目的。

(2) 改变了传统的电力规划在节能方面的模糊性,把用户终端节电的实施作为一个重要的规划领域。将节能的落脚点放置在终端的具体用电设备上,便于通过需求侧采取有针对性、便于操作的推动政策和技术措施,使节能计划容易实施。

(3) 强调以经济效益为中心的原则。参与 DSM 的各方包括:社会,它是整体利益的代表,政府职能部门是它的有效执行者;用户,代表需求方的利益;电力公司,是供应方的利益代表;参与部分 DSM 项目的执行者,如节能公司等。参与 DSM 的各方都能得到实实在在的利益。

(4) 强调电力公司的主体作用。在政策上必须激发电力公司开展 DSM 的主动性和积极性,要使电力公司投资于节电项目能够获得比新建电厂更高的回报。在体制和机构方面,要把电力公司的职能范围从发、供电范围扩展到节电领域,并为其采取多种经济手段促进用户的节能创造条件。

(5) 强调电力公司与用户的伙伴关系。供电系统是以输、配线网络的形式连接起千家万户,它具有高度的垄断性,其市场竞争机制并不明显,用户对电能几乎没有选择余地,常常处于弱势地位。DSM 要求电力公司与用户共同付出代价,共同承担风险,共同获得利益。只有在它们之间建立起融洽的合作关系,才能在电力开发节电领域取得整体利益,使供需双方都有利可图。

(6) 强调对用户优质服务。优质能源服务是用户的根本要求,它不主张采取拉闸限电、轮休、倒班等不顾用户承受能力和经济效益的做法,更多的是鼓励采取科学的管理方法和先进的技术管理手段,在不强行改变消费行为、正常生产秩序和生活节奏的条件下,促使用户主动改变消费行为和用电方式,提高用电效率。

2. 电力营销系统的设计思想

按照这些理念,电力营销管理信息系统的设计应以建立客户为中心、客户关系管理(CRM)为驱动的营销技术支持平台为目标,构建标准化、规范化、科学化的作业流程,将企业的人员、业务链接成一个价值链,实现作业流程化、组织扁平化、经营集约化、管理精细化的管理思想。

按照这一思想,系统的建设应按照营销功能和职能管理分层进行总体规划,分步实施。

1) 营销功能

从营销功能来说,是指电力营销管理信息系统分为客户服务层、营销业务层、管理监控层和决策支持层四个层面。

(1) 客户服务层的工作目标是实现客户服务全过程的信息化管理,整合多种服务方式和渠道,收集客户需求和运行信息,为客户提供高效、便捷、规范、优质的供电服务,树立良好服务形象。其工作内容是通过营业厅、电话、因特网等多种服务渠道,收集客户的各类电力需求信息和电能使用信息,为客户提供用电申请、电费缴纳、业务咨询、故障报修、投诉举报和信息查询等各类服务,并通过客户关系管理,实现客户价值挖掘和个性化增值服务。

(2) 营销业务层的工作目标是实现营销业务的全面信息化管理,使业务处理流程化、操作记录无笔化、台账管理电子化、信息传递网络化,达到营销业务处理快捷、准确和规范的目的。其工作内容是按照标准化、规范化的原则,负责处理营销日常业务,并在客户服务层的基础上，通过规范的业务流程和处理方式，对客户服务层获取的业务信息和客户需求信息进行处理，将处理结果反馈给客户服务层，并对业务处理的合法性、及时性与规范性进行稽查。

(3) 管理监控层的工作目标是实现对客户服务和营销业务处理全过程的监控，畅通市场反应和企业需求的信息渠道，使质量管理可控化、市场响应快速化，达到降低经营风险、提升经营效益和管理水平的目的。其工作内容是对客户、电量、电价、电费等营销关键环节实行集约化、精细化管理；对电能信息进行深入分析与加工，提出和实施能源优化使用方案；进行市场策划，引导市场需求；并负责对客户服务层和营销业务层的工作质量和工作流程进行监督管理和评估。

(4) 决策支持层的工作目标是实现公司系统内的营销信息共享，支持电力市场的宏观环境分析、主要经营指标分析、市场发展预测等决策分析。其工作内容是负责对客户服务层、营销业务层和管理监控层的信息进行监管和分析，对市场运营情况、营销能力、市场发展趋势及客户服务能力等进行综合分析和深度挖掘，开展市场前景预测，为制定营销管理目标及营销决策提供科学依据，并将决策信息下达给下属各层。

2) 职能管理

从职能管理来说，是指电力营销管理信息系统应涉及国家电力公司、网省电力公司、地(市)供电企业和县(区)供电企业四个层面。各网省电力公司应按照"以省公司为实体，以地(市)供电企业为核心，以县(区)供电企业为基础"的原则，统一规划、设计、开发和实施，做到营销管理模式统一、营销业务流程统一、数据代码格式统一，保证网络畅通、信息传递快速、系统运行安全可靠。

国家电力公司主要应用决策支持层的相关功能，部分涉及管理监控层和业务处理层的相关功能。其职能是：

(1) 通过实时采集公司系统电源侧、供电侧关口和销售侧的电能量数据，采集各网省公司的经营、管理、服务等关键指标信息，对"电量、电费、电价"等直接信息及相关信息进行统计分析和深度挖掘，全面及时和准确掌握公司系统电力销售状况，并实现各类数据的直观展现，为公司各部门提供共享信息平台。

(2) 通过与调度系统的信息交互采集电网运行信息，通过各网省上传的电网实时运行信息和客户用电信息，掌握公司系统电网供用电平衡情况，实现电网数据及曲线的直观展现。

(3) 通过与国家、区域、省三级电力市场交易平台进行信息交互，采集市场交易信息，及时掌握公司系统电力市场交易情况，实现电力市场运行状况分析，促进三级电力市场的规范发展。

网省公司主要应用管理监控层和决策支持层的相关功能，部分涉及客户服务层、营销业务层的相关功能。其职能是：

(1) 通过对各地市供电公司的市场发展、电力销售、电能计量、电费回收、客户服务等各方面数据进行统计分析，全面、及时和准确地掌握营销总体经营情况。

(2) 通过对营销运行数据进行实时查询和分析，实现对营销业务处理与客户服务的工作质量、工作业绩及服务水平进行动态监督和管理，及时发现存在的问题并督促解决。

(3) 通过实时采集本网电源侧、供电侧关口、销售侧电能量数据，实现购、供、售电环节的实时监控，同时结合业务发展和客户需求等信息，进行负荷预测、供需平衡等方面的分析，制定需求侧管理总体策略。

（4）通过采集电网运行情况、电力市场交易情况,掌握本网市场需求动态及购售电状况,实现购售电联动分析、市场状况分析和市场活动管理等功能。

（5）通过对营销和服务基础数据以及其他相关数据进行采集、抽取、清洗、转换和重组,形成面向营销分析主题的数据集合,并对市场运营情况、营销能力、市场发展趋势及客户服务能力等进行综合分析和深度挖掘,为制定营销策略提供科学依据。

地市公司主要应用管理监控层、营销业务层和客户服务层的相关功能,部分涉及决策支持层的相关功能。其职能是:

（1）按照标准化、规范化的管理原则,实现新装、增容与变更用电业务处理,合同管理,抄表管理,核算管理,电价管理,账务管理,欠费管理,电能计量管理等营销业务处理的信息化、流程化、网络化,提高工作质量和效率。

（2）通过电能信息采集平台,实现本地电源侧、供电侧关口电能量数据以及终端侧电能量数据的实时采集与监控,同时结合业务发展和客户需求等信息,实现负荷预测、负荷分析和负荷管理等功能,制定有序用电方案,落实各种需求侧管理措施。

（3）利用呼叫中心、互联网等多种先进手段为客户提供客户咨询、业务查询、故障报修、投诉举报、业扩报装、客户缴费等高效便捷的优质服务,同时通过客户风险、客户信用、客户价值、VIP及大客户管理、客户满意度等客户关系管理,实现客户价值挖掘、电费风险防范、大客户个性化增值服务的目标。

（4）实现对电费回收、电费差错、电费资金、电价执行等环节的集中监管和控制,对电能计量装置的检定、安装、运行、现场校验实行集中监管与控制。

（5）通过采集电网运行情况及客户用电情况,掌握本地电力市场需求动态及购售电状况,实现市场状况分析和市场活动管理等功能。

（6）通过对营销运行数据进行实时查询和分析,实现营销和服务全过程监控的质量监督、量化管理的质量考核,形成科学、规范、有效的监控管理平台。

基层供电单位主要应用管理监控层、营销业务层和客户服务层的相关功能。它处理具体的实际业务,是地市公司业务功能的拓展和延伸。

4.1.2 电力营销管理系统的架构

1. 系统架构技术的演变

随着 Internet 的广泛应用,原来基于 LAN 的企业网开始采用 Internet 技术来重新构建,即 Intranet,随之一种称为 Browser/Server(B/S)的结构模式应运而生,并且获得飞速发展。随着系统规模的进一步扩大,传统的 B/S 结构模式也从二层架构体系向多层架构体系演变,以适应服务需求的变化。这种架构体系采用了模型-视图-控制器（model-view-controller,MVC）的设计模式,将数据模型与信息表示分开,通过广泛地使用组件与接口技术,实现了用户界面逻辑与业务实现逻辑的分离,从而提高了系统的灵活性、可扩展性、安全性以及并发处理能力,适应了营销集约化管理和业务发展的需要。

采用多层架构体系的信息系统逻辑上可划分为客户表示层、业务逻辑层和数据服务层三个层次。其中客户表示层用于访问应用系统和处理人机交互的客户端,包括浏览器、桌面应用程序、无线应用等。业务逻辑层用于部署业务逻辑组件,如基础框架服务和业务组件服务,基础框架服务为各个业务组件提供技术支撑,包括工作流管理、权限管理、安全管理、消息服务、通信服务、日志服务及集成服务等,业务组件服务则是具体的业务逻辑实现,如企业级业务应用、Web 服务等。数据服务层用于存储企业的各类数据,为业务逻辑层提供数据服务。与各逻辑层次相对应的系统组件的层次结构分别为客户端界面、Web 服务器层、应用服务器层、数据库服务器层。其中 Web 服务器层和应用服务器层共同组成业务逻辑层,大量使用中间件技术,具备良好的伸缩性,提高了系统的稳定性和可拓性,使其能够应对服务需求的复杂变化,如图 4-1 所示。

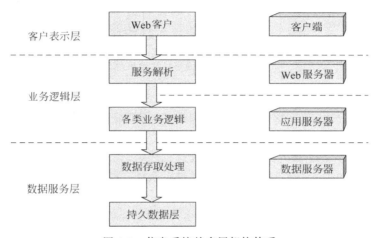

图 4-1　信息系统的多层架构体系

2. 电力营销管理系统的架构及其特点

现有的商业化电力营销管理信息系统广泛采用客户端-WEB/应用服务器-数据库服务器模式的多层结构。其中数据库服务器集中存储各类业务数据,应用程序运行于应用服务器,营业厅只设客户终端。整个系统的管理工作主要集中在信息中心,包括各类系统软件和应用软件的日常维护与更新、数据的实时备份等,这样就使客户端的维护要求变得很低。统一的业务平台,保障了服务的质量,也为将来开展新业务提供了技术保障,同时也降低了系统维护工作量,提高了数据的安全性。针对各营销功能层次,电力营销管理信息系统一般分为以下几个子系统。图 4-2 展示了电力营销系统功能框架图。

(1) 客户服务子系统:该子系统细分为 95598 客户服务、客户缴费、客户电能信息采集与监控等模块,为客户提供各类信息服务,支持客户以多种方式接入,实现"一口对外",提供柜台服务、多媒体查询、呼叫中心、Internet 远程网络等服务。

(2) 营销业务子系统:该子系统细分为客户业务处理、供用电合同管理、电费抄核收管理、电能计量管理等模块,适用于地、市、县供电企业处理具体的营销业务,包括市场管理、业扩报装、抄表计费、收费与账务、电能计量、用电检查、综合管理等业务。

(3) 管理监控子系统:该子系统细分为服务监管控制、业务稽查和经营控制等模块,为营销管理人员提供营销业务的工作流控制、业务稽查、线损管理、成本控制、Intranet 综合查询等工作。

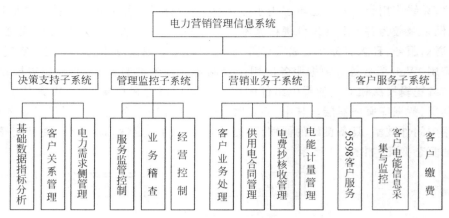

图 4-2　电力营销系统功能框架图

（4）决策支持子系统：该子系统细分为基础数据指标分析、电力需求侧管理和客户关系管理等模块，通过引入数据挖掘和知识管理技术，构建企业的数据仓库和知识库，为高层营销决策提供全面的信息支持。

基于多层架构体系的设计思想，各子系统有机地组织成电子信息基础平台，通过统一的企业服务通道与其他系统交互服务和数据，通过对系统功能的封装和复用，形成一体化企业级信息集成平台，如图 4-3 所示。

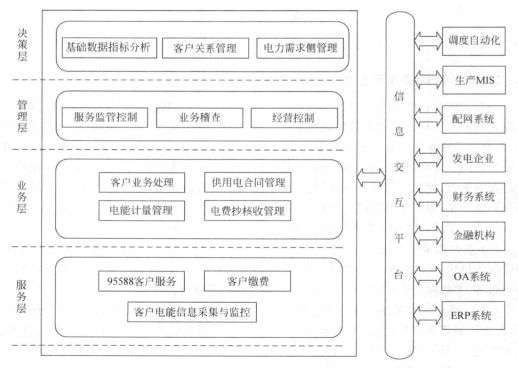

图 4-3　一体化信息平台——电力营销信息系统的多层架构体系

3. 面向服务的架构体系技术的拓展

由于系统异构集成导致的复杂性的增加,以及客户需求的频繁变化,业界已经提出了一种新的架构模型——面向服务的架构体系(service-oriented architecture,SOA)。其本质是一个组件模型,反映了一种有效集成软件的抽象概念,通过广泛使用 XML 和 Web 服务来实现。它将应用程序的不同功能划分为各种服务,通过定义良好的接口和契约将这些服务联系起来。接口的定义独立于实现服务的硬件平台、操作系统和编程语言,这使得系统中的服务可以按照一种统一和通用的方式进行交互。

为更好地适应面向服务的架构体系的转变,系统应遵循系统功能拓展-业务应用集成-开发商业智能的基本思路进行发展。

1) 系统功能拓展

(1) 完善数据采集体系,拓展和规范负荷控制系统和远抄系统的功能。

(2) 拓展电力营销系统功能,提供市场活动管理、销售自动化、需求侧管理和外部情报管理的支持,形成比较完整的业务支撑平台。

(3) 建立统一的账务代理门户,与外部电费代理和不同抄表渠道进行集成。

(4) 建立统一的呼叫中心,并在成功实施的基础上拓展网络服务和移动服务功能。

2) 业务应用集成

(1) 集成营销技术支持系统,整合营销数据,构建统一的业务数据中心。

(2) 集成营销系统与 ERP、生产系统和 GIS 系统,实现客户信息在全电力公司范围内流动和共享,实现账务处理财务化目标。

(3) 开发营销管理与分析系统,对市场、销售和客服工作流程进行监控和分析。

(4) 开发电子商务系统,支持与客户、供应商和合作伙伴的 B2C、B2B 商务。

3) 开发商业智能

以办公自动化系统和企业门户网站为平台,以业务处理和外部情报处理为依托,以数据分析和挖掘技术为手段,构建面向分析和挖掘的营销数据仓库以及集中知识维护的知识库,形成比较完整的商业智能和知识管理框架。

4.2 客户服务子系统的核心业务

4.2.1 95598 客户服务模块

客户服务模块的功能是利用客服号码"95598"电话接入系统,通过传真、移动短信、Internet 等手段,为客户提供相应的服务。该模块包含 95598 呼叫中心和 95598 网上服务中心等部分,其中 95598 呼叫中心向客户提供电话、传真、短信等服务,95598 网上服务中心向客户提供基于 Internet 的服务。

1. 95598 呼叫中心的功能

95598 呼叫中心的功能包括呼叫管理和业务支持等功能。

1) 呼叫管理

完成客户服务接入、排队、分配、识别客户动作、呼叫转移、人工/语音应答等功能。

接入服务支持电话、传真、短信、邮件、因特网等多种方式的接入。支持呼叫接入与客户信息自动关联、屏幕弹出，数据与话音在 IVR/IFR 与座席、座席与座席之间的自由切换、同步转移。实现短信的接收、发送和统计。实现文本交谈、护航浏览、电子邮件等服务。

呼叫分配，对接入的各类呼叫进行统一的路由和排队控制，并按客户主叫号码、客户优先级、业务种类、座席技能、座席分组等灵活设置排队和路由策略。

语音应答，支持文本转为语音播放，对客户的电话请求提供语音提示，引导客户选择服务内容和输入电话自助服务所需数据，在接受客户输入的信息后，实现对数据库等信息资料的交互式访问。

收发传真，支持传真的自动接收和发送，并可将常用的文件格式转换成 TIFF 格式。

录音服务，支持全程 24 小时自动录音和按照指定工号、时间段、座席类型等选择录音。能进行录音启动设定、录音回放、录音检索和播放，以及压缩、导入、导出录音文件。

座席管理，实现普通座席与班长座席的呼叫控制操作。其中普通座席实现登录、状态设置、电话沟通、录音服务、收发传真等功能。班长座席除具有普通座席的功能外，还具备对普通座席的监督管理、质量评定等功能。

外拨服务基于业务策略，支持对外的人工、自动和传真、短消息、电子邮件等形式的主动发送、请求发送、成组广播发送、选择性请求发送的主动呼叫。

2) 业务支持

业务支持功能主要包括查询与咨询、现场服务与业务受理、投诉举报处理、后台支撑和监督管理等。

（1）查询与咨询

系统向客户提供自动信息查询功能，并能与人工咨询方便切换。咨询内容包括：用电须知与服务指南；电气设备的应用常识；违约用电、窃电的查处及违约使用电费收取的有关规定；各种收费项目、适用范围的收费标准；电量电费结算方式、交费方式、欠费处理办法、电费违约金及其收费原则；安全用电知识及有关电气安全设计规范；合理用电知识等。对于无法立即答复客户的疑难问题，生成客户咨询电子工单，通过流程传递给相应的专家解答。

根据客户的要求与标识信息，查询相关客户的档案信息、合同信息、电量电费信息、缴费信息、欠费信息和业务办理信息等，同时记录相应的服务内容。

（2）现场服务与业务受理

能够将工作人员对客户的现场处理结果和收集的信息及时存入系统处理流程。现场服务的内容包括：现场记录客户新装、增容与用电变更业务，供电方案的答复和用电技术咨询；现场记录客户用电故障求助和抢修等服务信息；现场记录计量装置的校验、安装、轮换、迁移、故障分析、检修和数据采集等信息；客户查询用电信息及用电成本信息；现场记录合同及协议的签订、违约用电、窃电信息、用电投资咨询、投诉举报和其他供用电服务等信息；记录内部工程监理信息；记录电气设备缺陷信息和预防性试验信息；记录抢修派工、到达现场、故障地点、故障处理时间、处理部门、处理人员、故障类别、故障原因、处理结果、回访客户等环节的工作情况和答复信息，记录客户其他用电需求信息等。根据业务规则对上述信息进行自动校验,生成电子工单并通过业务流程传递给相关营销管理模块进行后续处理。可随时查询业务办理情况,必要时进行催办,记录催办信息。支持基于 GIS 的故障点查询以及抢修车调度功能。

(3) 投诉举报处理

记录客户对供电业务、供电服务等方面的各类举报投诉及建议,生成电子工单并根据举报投诉的类型,通过流程传递到相应职能部门处理,记录处理结果,并能对处理情况进行回访登记。能通过办公自动化系统,实现举报投诉信息发送和处理结果接收。

(4) 后台支撑和监督管理

后台支撑主要包括:市场调查,接收市场管理模块制定的各项调查项目,进行市场需求、客户满意度等调查;消息订阅,通过电话、短信、网站等多种方式实现消息的分类订阅、自动订阅与自动回复;主动服务,通过提供客户回复、到期业务通知、停电通知、缴费提醒、营销服务等主动服务,提高客户的满意度;欠费催缴,接收营销管理模块产生的客户欠费信息,通过外拨服务,对欠费客户进行电费催缴。

监督管理主要包括:客户信息核查,记录客户和客户档案信息存在的疑问,生成电子工作单,通过相应业务流程下发给相关职责岗位进行核查;服务质量监督,实现服务质量抽查、服务质量评价、服务时限考核、客户满意度考核、运营状况分析、座席人员的工作质量考核等;话务平衡管理,能够有效平衡各地区间或地区内的话务流量,提高资源利用率;知识库管理,建立和维护电力知识库,包括电力法规、专业技术标准、业务流程指南、用电常识等,支持将典型处理工单的问题及标准答案自动转入知识库;信息发布管理,接收其他模块传来的信息发布需求,集中管理电力政策法规、业务指南、电力新闻、停电预告等信息的发布,实现信息发布的过程管理;排班管理,根据呼叫预测量、座席人员的技能以及相关策略,生成最佳排班计划表,并可对排班计划表进行调整。

2. 95598 网上服务中心的功能

95598 网上服务中心主要包括企业简介、公共信息服务、网上营业大厅和网上在线服务功能。客户在网上在线提交的服务请求会实时转给呼叫中心的 Web 服务进行处理。客户在网上营业厅提交的业务申请、信息咨询、故障报修、举报投诉、信息核查等服务申请,也要及时转给呼叫中心进行后续处理。

(1) 企业简介。包括新闻中心和企业概况的介绍。如新闻中心可显示每日与电力相关的新闻及国际、国内电力发展的最新动态。企业概况主要显示企业的基本情况,如企业法人、服务区域、服务项目等。

(2) 公共信息服务。包括停电通告、公告栏、电力法律法规、业务指南、供电服务承诺、用电常识、服务热线、曝光台、需求侧综合信息等服务功能。

(3) 网上营业大厅。包括客户档案查询、电量电费查询、用电业务流程查询、网上业务受理以及其他网上服务项目。

(4) 网上在线服务。包括实现文本交谈、语音交谈、护航浏览、网上回呼、电子白板等网上在线服务。

(5) 其他功能。包括其他辅助的内部服务监督功能,如建立对营业厅的监控体系,其目的是提高服务质量,防止突发事件产生的影响。存储一段时间内的监控录像备查,强调系统的安全性、可靠性以及兼容性。

4.2.2 客户缴费模块

该模块对外为客户提供多种方式缴费,包括银行网点、供电营业网点、电话及网上缴费等,对内与电力营销管理模块紧密结合,保证信息的准确性与实时性,达到方便客户缴费、减少欠费余额、加快电费资金回笼、确保电费资金安全的目的。主要内容包括客户缴费渠道及方式管理、缴费委托对象管理、缴费管理、预缴费管理、退费管理、发票打印和对账管理等。

1) 缴费方式管理

缴费方式管理主要用以管理客户缴费协议和客户委托缴费对象。其中管理客户缴费协议包括签订、更改、中止缴费协议,维护客户缴费方式和缴费账户。缴费方式包括坐收、走收、代收、划拨、特约委托、分次结算等。管理客户委托缴费对象是指允许一个客户代替多个客户缴费,创建、更改、中止委托缴费对象关系。

2) 缴费管理

根据客户缴费方式的不同,提供不同的缴费服务。对于当天不进行现金缴费的客户,提供以下方式。

坐收:实现现金、支票、汇票等坐收缴费及发票打印。

走收:实现发票批量打印及收费情况记录。

代收:实现代收点柜台、电话银行、ATM、网上银行等缴费,代收点包括金融机构和非金融机构。代收点柜台收费提供票据打印。

电量电费查询:可根据请求查询户名、地址、月份、电量、电费、违约金总额等信息。

划拨:根据客户账户及电费信息生成托收文件。向代理点发送请求,发送托收文件。接收代理点扣款文件,校验通过后,进行销账。

特约委托:打印发票及托收单,并传送给收费代理点。根据收费代理点回单,录入托收情况。

充值卡收费管理:对充值卡的生命周期状态进行管理;缴费充值:校验卡的合法性,进行缴费充值。

预缴费管理:实现预缴费,包括IC卡预售电、负控预售电、普通预存等。

分次结算管理:根据与客户签订的分次结算协议对大客户进行分次预收,维护分次结算期数、每期金额、每期交费日期。抄表计算后根据实际电费后将分次结算结转入电费实收中。分次结算管理包括分次结算协议、分次结算生成、分次结算改账。

3) 退费管理

退费采用流程管理,包括退费申请、退费审批、退费处理,其中根据退费额度可设置不同岗位审批。

4) 账单与票据管理

(1) 账单管理

信息保密申请:受理客户对电量电费信息保密申请,记录申请内容,确定账单查询密码和通知方式等。

账单通知方式选择:根据账单查询密码校验客户身份,允许客户变更账单通知方式。

账单通知:根据客户账单通知方式,分别通过不同途径通知客户。对于电话、传真、短信、电子邮件等方式,通过95598通知客户。

账单打印:对于邮寄或人工通知的客户,按照客户、单个或多个抄表段、区、单位等打印账单,包含客户名称、地址、客户上次和本次抄表示数、电量和电费信息、预收账户余额以及附加提示信息。

(2) 票据打印

支持普通发票和收据打印,同时支持增值税发票打印。既可按客户进行单独打印,也可以按抄表段和缴费批次进行批量打印。

5) 对账与日志管理

对代收、划拨、特约委托等缴费方式,实现每天收费代理点交易和电力交易的总笔数、总金额、明细金额核对,并可对异常交易进行登记和处理。

记录缴费交易流水,包括流水号、客户编号、户名、地址、金额、收费员、交易时间等信息,提供查询和打印。

按人员、班组、部门和单位统计和显示每天的实收户数、总金额、电费金额、违约金金额等信息。

4.2.3 客户电能信息采集与监控模块

客户电能信息采集与监控模块是对电能购售电信息的实时采集与管理模块,实时信息包括电量、负荷、电压、计量异常等信息。主要内容包括购电侧关口的信息采集、供电侧关口的信息采集、售电侧公变的信息采集、大用户电力负荷管理和中小用户集中抄表管理等。

客户电能信息采集与监控模块通过建设和完善购电侧和供电侧关口电能量采集平台,以及建立大用户电力负荷管理系统和中小用户集中抄表系统,实现购电侧信息、供电侧信息、销售侧信息三个环节的实时采集、统计、分析,实现供电企业零点抄表自动化,以及从基层供电单位到国家电网有限公司各层信息共享,达到购、供、售电环节的实时监控。

1) 购电侧关口及供电侧关口的电能采集

对所有购电侧关口及供电侧关口采集日96点负荷、电量、电压等数据和表计失压、断相、掉电等故障、异常信息,按要求进行统计,通过各类图、表形式展现。同时为辅助决策分析等高级应用提供数据依据。

2) 售电侧电能采集与监控

(1) 售电侧公用配变电能数据采集

采集公用配电变压器、开闭所等配电设备安装点的电网运行数据,记录设备运行状态、电压、电流、电量等数据,记录过负荷、三相不平衡度、低电压、过电压、变压器裕度等异常状态。

(2) 大客户电力负荷数据采集与控制

对大客户实现负荷数据、电能量数据、抄表数据、工况数据、电能质量数据的采集和监控,分析用电异常数据,可根据有权部门指令、需求侧管理模块制定的有序用电方案及营销管理模块中预付电费、欠费工作传单,综合运用各种控制方式对客户执行负荷控制。

(3) 中、小客户电能实时采集管理

对数据采集设备参数进行设置,采集客户电表中计量数据、运行状态,并可根据运行状态给予报警提示。

4.3　营销业务系统的核心业务

4.3.1　客户业务处理模块

客户业务处理模块是基层供电单位日常营销业务处理的基本模块,主要对客户提供各类业扩管理,包括受理、勘查、确定方案、审批、方案答复、负控安装、费用管理、工程管理、签订供用电合同、验收送电、竣工报验、计费信息审核、客户回访和归档等业务处理功能,实现新装、增容业务,以及各类用电变更业务,如减容/复容、故障换表、移表、改压、改类、销户、暂停/恢复、分户、并户、暂拆/恢复、暂换/恢复、过户、迁址、杆线迁移及路灯工程、客户档案修改等。其中新装和销户还支持批量用户处理功能。

1) 业务受理

接受从营业厅或者其他客户服务层传递的客户请求,核对客户材料并记录客户请求信息,审核客户以往用电历史、信用情况,并形成客户请求用电的相关附加信息,生成对应业务工作单,提供客户查询单。

2) 勘查管理

勘查管理主要对新装、增容、减容、故障换表、移表、改类、暂停/恢复等业务工作进行分派,并记录勘查内容。

新装与增容勘查包括:供电方案的制定(包括接电线路、供电容量等);计量方式的初步确定;电价的初步确定有无外部、内部工程,记录相关内容;费用及支付方式。

故障换表勘查包括:电能表故障的原因和责任;需要客户赔偿的通知客户交款,并提出处理意见;需更换电能表的,在变更勘查工作单上确定新增的有关参数。

改类勘查主要是核查确认客户更改的用电类别。

暂停/恢复勘查应包括:核查客户的用电情况,确定是否可以暂停或恢复用电;进行暂停或恢复用电操作,记录暂停或恢复用电的时间。

移表勘查应包括确认电能表的位置情况及所需其他信息等。

减容/恢复勘查应包括核查客户的用电情况、用电类别是否发生变化、记录减容或复容时间等。

3) 审批管理

对勘查过程中初步拟订的供电方案进行审核,可查询供电方案和勘查记录,并记录签署意见,未通过审批的需要对方案进行修改并要求再次审批。

4) 收费管理

对国家规定的收费项目、标准进行账务管理,如根据各类业务的收费项目和收费标准产生应收费用。按收费项目打印发票/收费凭证,建立实收信息,更新欠费信息。确定应退金额,并出具凭证。

5) 工程管理

记录工程进度,并对有委托工程的项目实行进度监控。其内容包括:记录设计单位、设计内容概要、设计时间等有关信息;记录工程设计审核的有关资料,包括一次接线图、设计参数等；确定是否需要中间检查；记录工程预算和决算信息；记录施工合同信息及施工；记录中间检查结果及竣工报验信息；记录竣工验收结果；记录决算结果等。

6）装拆表管理

本功能主要生成装拆表通知单，分派装拆表工作；记录计量装置的有关信息。

7）送电管理

计量部门进行配表、表计发放，于业务限定的时间内完成装表接电。提供送电工作单，记录送电人员、送电时间、变压器启用时间及相关情况。

8）档案管理

实现客户基本信息和大客户设备档案的生成、变更及查询管理，包括形成客户的用电资料；客户流程资料归档；通过流程档案自动更新客户基本信息；实现客户主接线图可视化管理；按权限对客户档案进行查询和修改。

4.3.2 供用电合同管理模块

该模块实现合同新签、变更、续签及终止流程的全过程记录与传递，根据客户及供电方案信息、合同模板或原有合同，生成合同文本内容，并能对合同文本进行编辑、打印输出，记录纸质合同文档存放位置及变更记录。同时，实现与法律部门系统的交互。

1）合同模板管理

建立高压供用电合同、低压供用电合同、临时供用电合同、趸购电合同及委托转供电协议的模板，维护模板格式和数据标签。

2）合同新签

对于新装用电客户实现自动生成合同文本，可对合同文本进行修改、编辑与打印。记录合同起草、初审、会签、审核、复审、打印、签订、归档等全过程信息。提供扫描方式或简单的绘图工具记录合同中的供电接线及产权分界示意图。

3）合同变更

当发生增容或变更用电时自动触发合同变更流程，各业务环节按照流程进行合同变更签订工作。

4）合同续签

提供合同到期客户查询，记录合同文本或扫描件、初审、会签、审核、复审、签订、归档等全过程信息。

5）合同补签

提供未签合同客户查询，触发新签合同流程，记录合同补签信息和审核、签订等全过程信息。

6）合同终止

因客户用电终止，需要终止合同时，记录终止原因、处理人员、处理时间等相关信息。

7）到期合同预警

系统可对到期或即将到期合同进行预警，可设置预警提前时间和预警方式。

8）合同查询

可查询合同基本信息、合同文本或扫描件。也可查询合同新签、变更、续签、补签、终止等流程环节信息。

9) 合同审核

建立合同关键约定数据,包括计量计费方式、抄表时间、结算方式。能依据客户档案、实时电量电费、电费实时账务信息自动审核合同履约情况,记录审核异常结果并触发稽查处理流程。

10) 合同履行

按照时间、责任方、违约等具体内容,记录合同履行情况。

4.3.3 电费抄核收管理模块

电费抄核收管理模块通过抄表管理模块完成用户用电情况的抄录,并根据抄表数据、计费方案、优惠策略和退补情况,系统自动计算出客户电量和电费,提供电量电费审核功能。同时,根据异常情况,触发退补电量电费处理或其他异常管理流程,并实现电费抄、核、收工作的集约化、规范化、精细化、流程化管理。

1) 抄表管理

对不同的抄表方式实现抄表日程、抄表段及抄表路线的编排管理,具备抄表数据的录入与校核处理功能,并形成抄表日志。其中,抄表方式有抄表器现场抄表、集抄和负控系统远程抄表,抄表本(单)现场抄表等。该模块能进行抄表日程安排及调整,实现抄表段划分、抄表段顺序编排、抄表段客户记录数的增减处理,并且根据抄表日程安排,生成当日抄表路线,编排并生成补抄工作单。对不同抄表方式提供相应的抄表数据录入方法,并对已录入的抄表数据进行校核。对异常情况,具备相应的处理手段。现场抄表中发现的计量装置缺陷及违章窃电问题,通过电子传标转由相应部门处理。形成抄表日志,记录抄表相关信息。

2) 电量电费计算

根据抄表数据、计费方案和优惠策略及退补情况,系统自动计算出客户电量和电费。通过建立电量电费计算模型,进行电量电费计算。电量电费计算包括正常电费计算和退、补电量电费计算。同时,该模块还对电量电费计算结果按单个客户、单个或多个抄表段、区、单位等进行审核。对新装、增容及用电变更的客户,电量电费要进行复算并校核。对各类异常情况进行提示并具备不同的处理手段。按户、抄表段统计生成应收电费明细及报表。并对电价表、线损变损表、力率奖惩电费表以及各类基金表等计算依据,严格按权限进行管理,形成电量电费计算日志,记录电量电费计算相关信息。

3) 收费与账务管理

该模块主要实现电费的收缴与应收账、实收账管理。应收账和实收账管理模块包括计账、凭证、对账、销账管理。同时,提供退费、业务费、营业外收入票据管理,并实现与财务系统的接口。

应收管理可按客户、抄表段、时间段、单位或计算批次生成应收账单,按照会计科目产生电费、业务费、营业外收入明细账。

实收管理可按客户、抄表段或缴费批次进行销账,记录实收信息。

预收管理可按客户、缴费批次进行预收记账。

票据管理对发票和收据的版本号、购置日期、购置发票编号、发放日期、发票编号、领用人、使用客户编号、作废发票编号、挂失发票编号进行记录管理,包括发票与收据登记、发放、领用、作废、挂失、查询。发票和收据发放应采用流程化管理,实现逐级发放及回退功能。

科目管理实现会计科目设置和维护,电费、业务费、营业外收入科目必须与财务系统的设置一致。

凭证管理实现凭证生成、审核、查询。凭证类型包括收款、付款、转账凭证。凭证内容应包括摘要、科目代码、科目名称、借方金额、贷方金额、合计金额、制证人等信息。

对账管理提供进账单登记功能,按坐收、走收、银行代收、划拨等收费方式,按现金、支票等分类分别登记进账单。提供系统对账功能,根据登记的进账单以及银行返回进账单到账信息,对系统登记的进账单进行勾销。

账目统计提供按会计科目进行分项和汇总统计。如分户明细账、分户账汇总、汇总分类账/明细分类账、科目平衡表等。

账龄统计实现客户账龄计算,按客户类别、缴费渠道、缴费方式、单位等统计和汇总账龄情况。

呆坏账管理实现呆坏账报批管理流程,具备申请、审批、核销、回收功能;实现呆坏账的账销案存处理。

4) 欠费管理

本模块是对收费与账务管理模块的拓展,主要针对产生欠费的处理,包括:

(1) 违约金处理。能够实现违约金管理的自动计算以及减免手续。

(2) 催费管理。能够产生欠费清单,按照欠费管理策略通过人工、电话、短消息等方式通知客户。

(3) 欠费停复电。能够根据欠费管理策略,触发欠费停电业务流程;欠费结清或符合复电要求,触发复电业务流程。并通过95598通知客户。

(4) 欠费惩罚管理。能够根据欠费管理策略,对客户进行惩罚处理,如信用度降低等。

4.3.4 电能计量管理模块

电能计量管理支持计量中心的日常工作,旨在提高计量专业人员和计量检定设备的利用率及设备检定的规范性,提高检定工作的独立性和公正性以及工作效率。

1) 计划管理

制订计量设备购置计划、周期校验计划、周期轮换计划、抽检计划、用表计划、二次压降测试计划等。

2) 资产管理

对电能表、互感器、失压仪等电能计量设备进行新购入库、资产流转的全过程跟踪管理。对新购电能计量设备入库能够建立资产档案,实行标准设备、电能表和互感器等设备的档案管理,对库房内电能计量设备的物理存放位置进行排序并确认。对电能计量装置能实现自动配置。对报废和淘汰的电能计量设备进行处理记录。对电能计量设备资产流转达的全过程进行跟踪管理。

3) 室内修校管理

主要安排室内修校工作,记录修校工作信息,记录检定校验结果。支持通过接口,把走字后的电能计量装置计度器底数传回系统。将电能计量器具的检定参数传给检定设备。检定后,记录检定数据,或把检定设备中的数据传回系统。同时能够综合分析计量设备的修校结果。

4) 现场校验管理

主要安排现场周期校验与特殊校验。把现场检验参数传给现场检验设备，或打印现场检验数据。输入现场检验数据，或把现场检验后现场检验设备中的数据传回系统。综合分析计量装置的现场检验结果。

5) 抽检与轮换管理

主要根据抽检计划安排抽检工作，并监督轮换过程，统计周期轮换率、修调前检验率。记录抽检信息并计算抽检批次是否合格，如果本批次合格，则本批次抽检完成，如果不合格，选择新的抽检数。如果两次抽检后还不合格，为整批表建立轮换任务，并根据轮换计划安排轮换工作。

6) 标准计量装置管理

主要建立标准计量检定装置档案，记录标准计量检定台历次校验数据，记录标准检定装置变更记录。建立标准计量器具档案，记录标准计量器具历次校验数据。建立标准计量设备考核、周检和复检管理。

7) 技术档案管理

记录和查询计量标准考核（复查）资料及技术档案，各类证书以及大客户计量档案管理。对各项计量印证，包括检定证书、检定封印、安装封印、现场检验封印、管理封印、抄表封印等进行管理。实现印证的购入、发放领用、使用以及回收报废等各个环节的全程管理。

4.4 管理监控系统的核心业务

4.4.1 服务监管控制模块

服务监管控制模块的功能是对营销与服务当前日常工作质量、工作业绩进行动态监督和管理，及时发现存在的问题并督促解决，通过过程控制形成闭环管理。建立质量监控体系，充分考虑支持质量监控中心的运作。

1) 工作流程控制

工作流程控制对每一业务流程及各岗位的工作量规定预警时间。对超期量、超期率、出错量、出错率、滞留量、滞留增长等情况实现监控。对超期流程和岗位进行督办。对不合要求的业务处理，按流程返回或撤销，同时应用记录可查。业务流程的设置具有安全性、灵活性和适应性。非流程操作人员无权操作，流程操作一经确认无法更改；经合法程序确认，流程维护人员可实施流程变更。

2) 营销经营指标与工作质量监管

电费抄收监管主要提供电费回收监管、销售情况监管、抄表情况监管、电费退补情况监管等功能。其中电费回收监管主要监管电费回收情况，包括不同结算方式、渠道回收情况、电费回收时间、在途比例、在途时间、回笼周期以及催费情况。销售情况监管主要监管售电量、售电收入、售电均价。抄表情况监管主要监管抄表情况，包括应抄、实抄、未抄、估抄、实抄率、月末抄表比例、零点抄表比例、抄表计划执行情况。电费退补情况监管按退补原因监管退补数量、退补金额、差错数量、差错金额、差错率等。

营销技术设备监管主要提供设备资产情况监管、设备生命周期监管、设备质量监管等功能。其中设备资产情况监管按资产类型、资产归属、客户类别等实现对资产运行数量、库存数量、退库数量、报废数量的监管。设备生命周期监管按资产类型、资产归属、客户类别等监管设备处于生命周期关键状态的时长。设备质量监管按资产类型、厂家等实现对设备故障和缺陷情况监管,包括故障数量和比重、缺陷数量和比重、表计故障率等。

3)电能量采集监管

该模块中采集点覆盖面监管功能用以监管采集点总数、采集点设备安装率、投运数、停运数、待装数、接入控制客户数、实际可控制客户数、可监视负荷和可控负荷、自动化采集电量占总销售电量比重等数据。此外还提供采集质量监管、电压合格率监管、供电中断监管、售电量前 N 名排名实时采集监管、容载比监管等功能。

4)客户服务工作监管

监管客户服务的处理及时率、处理完成率、答复率、回访率、人工接听率、三声铃响接通率、投诉处理率、投诉处理满意率,以及监管客户服务代表的利用率。

5)客户关系监管

主要提供客户满意度情况监管和信用情况监管等功能。

6)电力市场监管

该模块主要提供购售电平衡情况监管、线损情况监管、有序用电执行监管等功能。其中购售电平衡情况监管用于监管购电计划完成情况、购电合同、购电均价、购售差价、购售电量不平衡度。线损情况监管用于监管线损情况,包括供电量、售电量、线损电量、线损率、线损波动。有序用电执行监管用于监管有序用电执行情况,包括削减和转移电网高峰负荷、节约电量、拉闸条次、拉闸负荷、拉闸损失电量、限电负荷、错峰户数、错峰负荷、避峰户数、避峰负荷、负控限电户数、负控限电负荷等。

7)监管简报编制与发布

该模块编制各种监管简报模板,根据监管内容和监管模板生成监管简报,对简报进行调整、转存及发布。

4.4.2 业务稽查模块

业务稽查管理是运用信息技术,辅助稽查人员对营销系统各方面运作的合法性和规范性,对档案的完整性以及一致性、业务工作、资产、计费、收费、服务等方面的运行或执行情况进行稽查,同时对用电情况的检查项目进行管理,对政策执行情况进行稽查,起到增收堵漏的作用,提高企业的经济效益和服务质量。

1)用电检查管理

该模块主要管理客户设备档案、进行巡检服务和定向检查;管理设备缺陷、计量异常、违约用电、窃电;管理用电检查人员、工程单位、进网作业电工的资质。

2)业务稽查

该模块对新装、增容及变更用电的每一业务流程的时限进行统计,检查出超时限的流程、工作段和相关责任人。

对抄核收及电费电价工作进行稽查,统计电能表实抄率、抄表差错率、收费差错率;统计每日电费应收款及实收款,每月汇总统计的电费回收率及账龄统计;监督检查电价的执行情况;按月、季、年统计电费差错率,检查特大差错事件及责任人。

对电能计量工作进行稽查,包括稽查电能表的周期轮换率、修调前检验率、修调前检验合格率、现场检验率、现场检验合格率、计量故障差错率以及 PT 二次回路压降周期受检率,以及标准装置的周期合格率、周期考核率。

对客户用电秩序管理进行稽查,包括违约用电和窃电行为的查处记录及相关流程处理,以及对客户原因引起系统跳闸事故、全厂性停电(指大客户)事故、电网检修时客户倒送电等事故处理记录及相关流程处理。

对供电质量进行稽查,包括电压合格率监测及供电可靠性统计查询,如城网供电可靠率,大客户及重要客户的停电次数及时间;对高次谐波进行测试分析记录,并提供治理措施与实施效果。

对客户报修处理时限统计进行稽查,按全过程分工作段进行统计,并检查出超时限的流程、工作段和相关的责任人。

3) 投诉举报管理

对客户投诉和内部投诉提供记录、调查、处理结果等功能。

4) 计算机辅助营业普查管理

根据工作要求进行计算机辅助营业普查,记录并处理普查结果。对营业普查发现与现有档案不符的数据,通过电子传票进入流程处理并转相关部门。

5) 合同执行情况管理

对各类供用电合同的签约及执行情况进行监督,提供检查记录及相关流程处理功能。

4.4.3 经营控制模块

1) 售电计划管理

该模块主要完成年度售电计划的制订和月度售电跟踪计划的制订。其中年度售电计划是根据售电量预测数据和上级单位指标要求,制订本单位年度售电计划,分解并下达至下级单位。月度售电跟踪计划是将年度售电计划根据各月份的用电规律分解到 12 个月,形成月度售电跟踪计划。

2) 购电管理

该模块中,电厂档案信息管理对所辖区域范围内的新建、改建、扩建等电厂的并网进行管理,从电厂接入系统申请、接入方案审批、工程设计审批、购售电合同签订到启动并网进行全过程管理,并提供电厂档案的建立和维护,同时具备小水火电管理功能。

根据历年购电情况、本年度售电计划,制订年度购电计划,包括各类电厂发电量、发电出力、年发电利用小时数和跨省互供电量计划。

将年度购电计划根据各月的用电规律分解到 12 个月,形成月度购电计划。月度购电计划包括各电厂日发电量、发电出力和日上网电量、负荷等,同时包括跨省互供电量、负荷情况。月度购电计划按照设定的流程进行审批和修订,可对月度购电计划根据市场变化情况进行调整,最终形成正式月度购电计划。

购售电合同管理用以建立购售电合同模板,根据购电计划内容自动生成购售电合同文本内容,并可对合同文本进行编辑、排版及打印输出,支持购售电合同扫描件的输入和查询。建立购售电合同的起草、审核、会签、签订流程,支持购售电合同管理与公司法律部门之间的信息交互。

购电电量统计可以根据预先设定好的信息,如电量计算公式、结算周期、基数电量指标等,正确计算与电厂购电相关的各种电量:上网电量、基数内电量、超发电量、基数内峰平谷段电量等,可以同时适应自动采集到的数据和人工录入数据的情况,可以打印输出报表。

购电价格管理建立购电价格表及代码维护体系,可以维护系统各种电价及电价变化信息,为购电电费结算提供基本数据。同时,如结算周期内电价发生变化,系统可以根据电价的时间信息准确计算本期电费。为适应购电管理系统的实际情况,电价以电厂或机组为单位进行设置。种类包括分时电价、超发电价、容量电价、目录电量电价等。

购电费用计算根据购电侧关口数据计算电厂发电量和上网电量。根据各电厂上网电量和购售电合同约定电价计算购电费,并对各类异常情况进行提示并具备不同的处理手段,支持电费互抵算法。同时满足购售电之间及购售电价格联动引起的供电环节成本分析。

购电费用审核用以审核各电厂的购电费和上网电量,对异常情况进行修正和重新计算,建立与财务系统的接口,经审核无误后由财务部门出具购电费结算单。

3)购售电平衡管理

该模块根据供电能力和用电需求,计算供需缺口,调整购售电计划,实现各供电单位的购电量、售电量和各线损之间的平衡计算。

4)购售电量及线损统计分析

该模块能够实现总部、网省、地市、县区四级机构的分层分区购售电量统计分析。其中公司总部实现国家电网层面网损数据的统计分析,网省公司实现网省公司层面网损数据的统计分析,地市供电公司实现综合网损数据的统计分析,基层供电单位实现所辖区域综合损耗的统计分析,可分电压、分变电站、分线路、分台区分别统计线损电量和线损率。同时提供实现降损措施管理功能,对线路、变压器等损耗超限异常情况,提示降损措施与目标。

5)购售电预测分析

售电市场预测主要提供售电侧负荷电量预测模型,实现与营销技术支持系统、负荷管理系统的数据共享。通过电网历史数据,分析年度和月度全社会电量、网供电量、分行业电量、分产业电量,有关大客户电量、负荷日志、年度和月度电力综合指标,国民经济相关指标,气象历史资料,客户业扩报装情况以及客户的用电计划等信息,预测未来月度和年份的全社会、网供、分行业和分产业等的电量以及未来月度和年份的电力综合指标。能对预测结果进行可信度评估,为电网安排月度和年度购电计划提供依据;能进行成本分析、预测与控制,研究营销策略提供重要的技术支持。

购电侧预测主要提供建立购电侧预测模型,实现与电力市场交易系统、调度 SCADA 系统、负荷管理系统等的连接,将采集数据传送至系统;根据电厂发电运行检修情况及气候变化因素、售电侧市场变化情况进行购电市场预测,可预测出公司购电成本、购电电价以及各电厂应发电量、年发电利用小时数等,对发电量或出力预测可按水、火电、风电等不同类别进行预测。通过预测结果指导电网企业与发电企业签订购售电合同。

购售平衡预测能够根据购售电预测结果,进行购售电平衡预测。

4.5 决策支持系统的核心业务

4.5.1 基础数据指标分析模块

基础数据指标分析模块提供基于基础数据管理的综合分析和挖掘功能,旨在建立一个以国家电网有限公司为核心,覆盖各网省公司的智能化营销管理应用系统。通过对营销基础数据的挖掘、分析和提炼,管理层能够及时全面地了解各基层供电单位营销与服务各项业务发展情况及指标完成情况,为公司经营管理提供强大的分析、决策依据。

1)气象数据管理

接受地方气象台的气象数据并进行分类存储,以供电力营销进行分析。

2)电力弹性系数分析

对全社会用电量、GDP、每万元 GDP 的电耗情况、每千瓦时创造 GDP 情况等经济运行数据进行存储,并能按月度、产业类别统计分析全社会用电量及增长的走势;按季度、产业类别统计分析 GDP 增长情况及发展趋势;按季度、产业类别分析用电量增长与 GDP 增长的关系、每万元 GDP 电耗情况、每千瓦时创造 GDP 情况。在此基础上提供与对应的往年数据比较的功能。

3)宏观经济运行情况分析

对固定资产投资情况和城乡居民生活数据进行分析和管理,具备批量导入和手工录入数据的功能。能按年度、产业类别统计分析固定资产投资情况;按年度、城镇、乡村统计分析城乡居民家庭家用电器拥有量及与用电量增长关系;按年度、城镇、乡村统计分析城乡居民年人均可支配收入情况和用电量增长关系。在此基础上提供与对应的往年数据进行分析比较的功能。

4)客户信息管理分析

用以建立客户的主要用电设备档案,包含能源消耗构成、主要电力拖动设备、照明设备及能效水平、错峰潜力等,据此提供客户信息的挖掘分析。

5)统计报表生成

设计特定条件,提取合成客户服务层和营销业务层的原始及处理信息,利用报表设计工具形成自助报表;根据有关方面的要求,生成和调用固定报表。

6)综合查询

查询业扩报装情况,电费应收、实收和欠费情况,电价执行情况和均价水平,客户的电量、电费和电价情况,供电合同的签约和执行情况,电能计量管理情况等。根据各种可行条件的组合,浏览查询客户服务、营销业务和工作质量情况。

7)基本业务分析

新装、增容与用电变更分析用于分行业、分售电类别对新装、增容与用电变更情况进行分析;根据市场调查、客户咨询和现场服务了解掌握的情况,以及行业用电发展趋势,分析市场容量的潜力所在。抄核收质量分析用于抄核收差错分析及相应对策分析。

8)电能计量分析

对各类电能计量设备的运行和故障情况进行质量分析。

4.5.2 电力需求侧管理模块

电力需求侧管理模块通过对供电单位、用电容量、用电性质、电压等级、行业、产业等多维度分析，实现负荷管理和预测，协助制定有序用电方案，为落实各种需求侧管理措施提供依据和管理手段。该模块主要内容包括可调控资源管理、负荷指标管理、负荷预测、有序用电管理、单耗管理、节能技术与项目管理等功能。

1) 市场分析与预测

该模块提供电力市场现状和预测分析、供需平衡分析、可替代能源分析、电力市场因素分析等功能。

市场现状分析提供用电行业分析、工业用电分析（产品、产值）、负荷特性分析、用电构成分析等功能。能够对市场进行细分，分析售电量和售电结构变化，并分析各类负荷的权重、影响，通过售电量结构变化来分析各类售电量比重、增长率及其对总售电量增长的贡献率。对客户负荷情况按日、月、季、年及任意时间段进行分析。可以对某行业、某负荷管理终端客户的负荷及电量进行跟踪观察，也可以对同期的负荷及电量进行比较显示。

电价分析包括平均电价结构变化分析、平均电价变化相关因素分析和电价执行效果分析。其中平均电价结构变化分析用以分析各分类均价、电量和电费构成变化对平均电价的影响。此外还包括季节性分时电价、可中断电价和行业电价执行效果分析。

售电收入分析提供按各种分类指标对售电收入、均价和电量的本期值、基期值等数据进行统计分析，并提供各种分类的售电收入比重及对总售电收入变化的贡献率等结构变化情况分析。售电收入影响因素分析主要分析售电量和售电单价变化对售电收入的影响，定位对售电收入影响最大的客户群体以及是电量还是单价变化所影响，并分析分时电价对电费收入的影响。该模块还提供电费大户的电费、比重和增长情况，以及对总售电收入增长的贡献率分析，以及分时用电的电费情况，包括峰电费、谷电费、平电费、总售电费、增长率、贡献率、各时段售电比重等分析。

电力供需平衡分析提供按时间段统计分析电网的电力供应能力和用电需求情况的功能，并列出影响电力供需平衡的主要因素。

电力市场因素分析提供对大客户用电情况、企业自备电厂情况、新能源和可再生能源应用技术发展进行统计分析，并据此提供对售电量的影响因素分析。影响售电量变化的因素主要包括国民经济宏观调控、气候变化、季节性变化、节假日、抄表例日调整、企业自备电厂或小水火电、拉闸限电、供电能力、大客户用电量和违约用电、窃电。还提供分时电价变化对分时电量及比重、总电量的影响分析，大客户分时和居民客户分时对售电量的影响分析，新增客户和已有客户对售电量的影响分析。

可替代能源分析对其他可替代能源应用现状及营销策略进行收集，分析电力替代的市场潜力。同时提供制定、审核以电力替代其他能源的市场拓展计划和实施方案的功能，具备对方案的实施效果进行分析评估的功能。另外能够分析电力占终端能源消耗的比例，如按季度查询分析电力占终端能源消耗比例，并能分析不同产业类别终端能源消耗的变化情况和电力占有率的变化情况。

市场预测主要进行中短期、超短期的全社会用电负荷、网供负荷、售电收入、电价等预测。其具备预测算法管理功能，支持多种预测算法；能对电力客户按具体对象、地区、线路、行业、产业、电压等级、变压器容量、电价类别、班次等分类信息,进行年度、月度等不同时间周期的负荷类、电量类需求预测;具备对预测结果修补、统计分析等预测信息的管理功能;能对地区负荷以及分行业的负荷、电量预测误差分析等预测结果进行评价。

2) 有序用电

该模块能对调整电价体系、调整设备检修时间、控制可中断负荷、欠费停电、调整生产班次、调整轮休制度、限电等有序用电措施进行管理维护;能通过方案预演对不同的措施进行合理组合,形成有效的有序用电方案并可按照流程完成审批和下达;具备对有序用电方案实施效果进行监控和统计分析的实施管理功能。对常规有序用电方案可反复使用和修订。

3) 负荷管理

该模块能根据有序用电方案制定和执行限电方案,并能对限电效果进行分析和评估;能按照客户、行业、地区、线路对用电数据进行统计分析,得到负荷变化规律,包括用电构成分析、各类负荷曲线及其叠加对比分析,以及分类客户用电分析和影响因素等。

负荷管理系统实现日负荷数据、有功电量、无功电量的采集,并生成日、周、旬、月、年及典型日负荷曲线,并通过负荷预测的相关算法生成负荷预测等处理功能。

在线监测提供监测计量表计状况,发生掉电、断相、逆相序时有告警,并将故障信息按工作流程用电子传票及时传递给计量部门,同时监测客户受电端电压及功率因数变化情况以及客户用电情况,发现异常及时进入流程处理。

提供需求侧管理方法和技术支持,与客户共同提高终端用电效率,制定电气设备更新、改造技术方案;帮助客户进行企业生产(用电)成本分析,制定客户负荷曲线优化方案;帮助客户进行蓄能用电设备(系统)的设计与实施。

4) 能效管理

该模块提供能效控制和分析功能,为节能降耗提供分析支持。

能效分析对产品单耗指标进行管理,建立并维护产品用电单耗推荐值,统计分析客户单耗信息,对比并预警。按照客户、行业、产业分析能效水平和节能潜力。具备客户节能咨询功能,能根据客户提供的主要耗能信息提供节能改造方案和效益评估功能。

节能项目管理对节能项目进行全过程管理,具备节能效果评估和投资效益评估功能。

节能技术管理建立节电技术知识库、节电产品目录、淘汰机电产品目录、淘汰工艺目录,具备更新维护功能和查询功能。对最新节电技术和产品支持通过 95598 发布公报。

DSM 宣传推广管理编制 DSM 宣传推广方案和实施计划,并对宣传活动进行评估。建立典型的节能改造项目和电力替代其他能源项目案例库,供客户和市场开拓人员查询。

国家能源政策法规查询收集国家 DSM、节能、产业等方面的政策、法律、法规、标准,具备更新、快速查询功能。

4.5.3 客户关系管理模块

客户关系管理模块是营销信息化的高级应用模块,其功能是根据来自客户各方面的需求信息进行收集、归类和分析,实现客户价值挖掘、电费风险防范、大客户个性化增值服务的目标。

1) 客户细分管理

基于客户属性和行为特征定义客户细分的条件组合,建立及维护客户细分的条件组合模型库。客户属性和行为特征包含行业、用电类别、单位、区域、电压等级、容量、用电量、负荷特性、信用等级、价值、风险等级等。建立及维护基于客户细分条件组合模型库的客户群。

2）信用评估

建立客户信用评估模型,根据客户属性和行为特征定义信用评估规则,评估客户信用等级,并不断进行修正和维护。

3）价值评估

建立客户价值评估模型,根据客户属性和行为特征定义价值评估规则,评估客户价值。

4）风险评估

建立和维护风险评估模型,根据客户属性和行为特征对照风险因素进行风险评估,评估项目如电费风险、运行安全风险、市场风险等。风险信息提供给各模块共享。

5）客户经理管理

建立和维护客户经理与服务对象对应关系。根据服务对象设置服务策略、制订服务计划,计划包括服务对象、服务时间、服务内容、服务方式等。记录服务结果与客户反馈意见,按时间段、客户群等因素汇总客户需求。

6）客户方联系人管理

建立和维护客户方联系人档案及客户组织机构,记录联系人和组织结构的关系。记录与客户的联系活动信息,包括时间、内容、目的等,并可把相关文件作为附件。

7）合作伙伴管理

建立和维护合作伙伴档案,包括名称、地址、联系信息、法人、业务合作范围、规模、合同/协议等信息。合作伙伴包括银行、电信、邮政、超市、抄表公司、调研机构等。定义合作伙伴评价指标,根据业务统计信息对合作伙伴进行评价,确定评价意见。

8）风险管理

风险防范策略用于制定各级风险防范策略,包括风险指标、预警条件和措施等。风险防范执行管理用于当客户达到风险预警条件时,触发相关防范流程,执行相关措施,记录措施执行情况,分析执行效果。

9）大客户（VIP/重要客户）管理

大客户资格认定、年审、资料登记、服务以及往来活动记录。为大客户经理提供大客户的综合资料,为VIP客户开展短信服务、用电情况（如账单、负控曲线）递送、用电设备预警通知、到期业务通知、缴费提醒、停电通知等更为多元化的服务活动项目。

10）满意度管理

建立和维护满意度调查问卷,生成调查样本,确定调查方式,校核满意度调查结果有效性。建立和维护满意度评估模型,评估客户满意度,统计总体满意度、分项因素满意度。

4.6 电力营销管理信息系统案例

苏源电力营销管理信息系统是以省、市、县、乡一体化为目标而开发的一套现代化电力营销信息系统。系统覆盖了电力营销管理的所有业务,按照"应用分散、数据集中"的模式,建立了以营销数据为中心的理念,满足同城联网、异地受理的大用户量业务处理要求,达到城乡营销一体化,大大提升了营销服务水平,顺应了技术发展的潮流。用户对该系统的评价是设计合理、管理规范、开发成功、运行稳定。

4.6.1 系统的基本架构

苏源用电营销业务实行分层管理,分为客户服务层、营销业务层和营销管理决策支持层三个层面,采用基于中间件技术的多层架构技术,其架构如图4-4所示。

其中主机平台系统可以根据用户规模分别在PC Server、小型机服务器上运行。操作系统平台可采用Windows服务器系列和UNIX等主流操作系统平台。数据库平台采用江苏电力统一的IBM DB2 UDB 7.2,提供多用户、大数据量的管理,为整个系统进行数据集中提供坚实的基础。中间件平台为IBM CICS(customer information control system),提供了关键性联机事务处理所必需的多并发、高效处理能力;以及IBM MQ(message queue)Series消息中间件,提供了可靠数据传输。

图4-4 苏源用电营销系统多层架构

业务的实现按工作流的方式展开,把每一项业务分解到各个业务层面上,岗位明确,责任到人。

4.6.2 系统的主要功能

该系统共有客户端模块647个、CICS中间层程序模块120个、数据库端存储过程140个。覆盖电力营销管理所有业务,主要包括电费抄核收业务、计量管理、营销业务、用电检查、综合查询、报表统计、营销稽查和决策支持等功能。其中电费子系统主要功能包含250个功能模块,计量子系统主要功能包含99个功能模块,业务子系统主要功能包含259个功能模块,用检子系统主要功能包含39个功能模块,其中系统的两个高层模块分别为营销稽查和决策支持模块。营销稽查模块的目的是加强电力营销的全过程质量监督,增收堵漏,提高经营管理水平和经济效益,保证企业的合理收益以及下属单位控制和管理过程的有效性,具体包括用户用电量监测、抄表质量稽查、营销管理稽查、用户档案检查、下属单位稽查等功能。决策支持模块系统为高层营销决策提供全面的信息支持,具体包括经营业绩分析预测、综合指标分析、用电需求预测、典型客户动态分析预测、策略效益分析预测等功能。

1) 电费抄核收业务示例

图4-5展示了电费功能结构图。图中,通过抄表模块抄写客户用电示数,根据示数调用电费计算模块,并根据电价管理模块计算电费,调用收费管理模块向客户征收电费,利用差错管理模块对收费进行检错校正,并反馈给示数管理模块,票据管理模块根据电费开具相关票证,并调用账表管理模块将费用计入账务系统,调用违约金管理模块可记录客户违约金情况,调用售电分析模块可根据电费情况进行售电分析。其中,票据管理和收费管理模块还可连入银行系统。

2) 用户新装流程业务示例

业务子系统主要功能包括:

(1) 业务流程管理。处理传票的申请、传递、归档;对于错误传票进行特票处理;对于

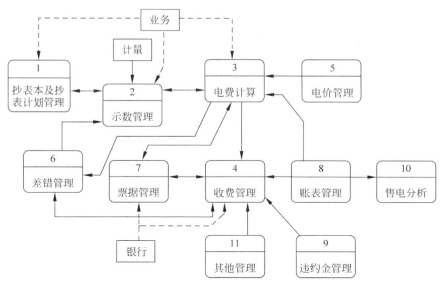

图 4-5 电费功能结构

有一定时间跨度的传票进行休眠和唤醒;进行流程环节的配置。

(2) 业务档案管理。对于业务档案进行维护,修改五个层次客户信息。

(3) 业务查询。查询单张传票的操作人、操作时间、当前环节,按传票类型进行分类汇总等。

(4) 业务报表。统计业务报表,包括营业户数和设备容量报表、业务费用分类报表等。

以业务扩装为例,该系统涵盖了其中 34 个流程。图 4-6 展示了业务扩装流程中的用户新装流程。

4.6.3 功能设计的主要特点

(1) 在功能的设计上,该系统在电费、业务、计量、用检业务中全面引入了流程控制,提高了管理的科学性、规范性、严密性,满足了电力企业加强电力营销工作监督和管理的高要求,有效弥补了系统管理上的疏漏,提供了业务考核的量化方法,进而从整体上提升客户满意度。

(2) 该系统充分满足城乡一体化的要求,系统底层设计灵活,适应性强,可满足多种管理模式的要求,从而保证营销城乡一体化理念的实现。

(3) 符合独立计量中心的管理模式。实施多级表库管理,符合检用分开,集中检定等要求。上级表库可以监控到下级表库的库存表数量。

(4) 该系统能够满足乡站的特殊要求。乡站所有业务流程纳入统一管理,传票能根据权限传递到上级供电公司供审批。可灵活定义乡站电价,建立乡站电价与标准电价之间的映射关系,满足省公司关于乡站电费上报报表的要求。专设乡站代收模块,用于对未上本系统的乡站进行销账处理。

(5) 实现同城联网的完善架构。客户可以在同城内任一营业窗口办理用电业务,如报装、交费、查询等。数据中心内可以跨营业区缴纳电费并提供完备的对账清单及报表。

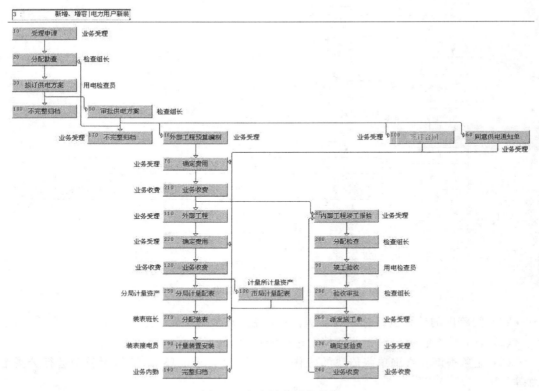

图 4-6　电力用户新装流程

（6）支持新的电力政策，适应电力体制改革的需要。支持小用户电费舍零收取。支持小用户超基数优惠，优惠额度和优惠用户可定义。支持小用户使用分时电费的潜在需求，并且做到设置方便。所有的表结构满足一个月多次结算电费的需求，支持政策性销售折让。完全符合新颁布的《DL448—2000》等相关规程的要求。在用表计的抽检管理、计量装置的类别划分和调整等均严格按照新规程执行。

（7）消除数据冗余及不一致问题。从底层结构上，解决了营销系统中客户档案与计费基本信息存在冗余、很难维护数据一致性的问题。解决方案是将用户档案表中影响计费的、容易变动的部分抽出，编入营业户变动元素及电源户变动元素，作为用户档案的一部分，由业务子系统统一维护。

（8）解决月中用电变更后电费计算的难点。对一个计费周期内发生用电变更较大的用户，系统可以自动按照变更前后的不同，分段计算，分段开票，无须人工干预。

（9）合理的客户档案结构。系统对档案信息进行了五个层次（实际户、用检户、电源户、营业户、表户）的划分，这种分层存储客户档案的设计，既可以清晰地描述拥有多个受电点（例如多个变电站、配电房）、多路电源的大用户；也可以简单地存储居民客户档案，做到资料齐全，并且使存储空间最小化。

（10）各子系统间紧密关联，改变了原有的需要手工干预的状况。计量配表完全融入业务流程。销户流程中的电费末次结算，用户在供电公司柜台或在银行正常缴费后流程自动激活向下流转。业务流程装表后自动通知计量，建立计量档案及接线检查。计量轮换数据自动发往电费,参与电费计算。发生业扩变更后,自动通知计量建立大用户技术档案。发生销户等变更时,自动中断正在执行的计量工作(如轮换、现场检验等)。

(11) 业务流程控制功能更加强大。首次实现同步运作并行分支,以及在一张小区传票中同时包括居民和大电力用户的情况。增加睡眠传票处理功能,如不装表临时用电流程,到期时能自动生成传票通知工作人员处理,减少管理漏洞。增加了传票重进入功能,对于处理错误的传票可以进行回退重做。增加任务移交功能,根据需要,可以把业务流程当前事务转交给原定义以外的操作岗或操作人,以免因特殊情况引起业务流程处理的滞留时间过长。具备特票处理功能,为处理突发事件,系统管理员对进行中的业务传票可根据特殊情况进行中途调整,改变传票的流转方向。

(12) 与其他应用系统无缝相连,并提供统一规范的接口标准。如客户服务系统、负控系统、银行实时收费系统、电卡表售电系统、集中抄表系统、掌上抄表机系统、计量装置上各类厂家的相关接口(检定厂家、现场检验仪厂家、计量器具制造厂)、预留生产、GIS等其他系统的接口。

习题

1. 请描述现代电力营销管理的基本思想有哪些?
2. 什么是电力需求侧管理?它的工作思想要点是什么?
3. 谈谈你对电力营销管理信息系统的多层架构体系的理解。
4. 请描述电力营销管理信息系统设计的功能层次有哪些?各有什么特点?
5. 请描述电力营销管理信息系统各个层次的基本模块功能。

第 5 章

电网大数据舆情分析

5.1 背景与目标

中国的社会转型正在进入一个新的阶段,其变化的速度、广度、深度、难度均前所未有。与此同时,伴随互联网与数字媒体的迅速普及,中国也开始全面进入新媒体和大数据时代。其结果是,中国的金字塔形社会架构及自上而下的管理和控制模式受到扁平化网络社会的全面挑战。主流大众媒体对舆论的影响力逐渐衰减,取而代之的是自媒体和边缘话语的兴起,统一和相对固化的舆论被多样化、碎片化的舆情所取代。此外,随着中国进一步开放和"地球村"时代的到来,内外舆情的界限逐渐消失,互动则日益加强。作为新兴的舆论场,舆情对政治生活、社会治理、企业经营、人际关系等带来巨大而深远的影响,成为影响中国未来发展的重要因素。

在此大背景下,如何全面准确地把握国内外舆情和民意发展变化的动向、脉络,并制定行之有效的策略,不仅是各级政府、企业面临的重大挑战,也是摆在传媒研究和舆情调查机构面前的重大课题。

舆情从人类开始用语言进行交流时就在身旁产生。围绕舆情的定义,从不同的研究视角出发,国内外学者分别对舆情进行定义,最终得到的结果相差较大。国外学者在大量的传播学理论的基础上进行舆情的相关定义。而由于国情的影响,中国学者主要站在管理者的角度,对舆情影响社会环境和民众生活的利弊做一个整体的定义。

因此国内学者指的"舆情"表述为"舆论情况"的简称,而且一般认为是民众由于某一事件对于国家各个方面的管理者的政治态度,并且这个态度随着这一事件的产生、发展和结束在一定的时间内不停地转变,民众的反应对国家管理者的行政策略及管理条例都会产生一定的影响,甚至改变管理者的态度、观点。它是由个人以及各种社会群体组成,在特定的历史阶段,对自己利益密切相关的各种社会现象进行主观上的反应,是人们对该事件的认知、情感和行为倾向的集合。传统的社会学理论认为舆情本身是对民众态度的一个高度概括,随着民众态度变化而产生,舆情的出发点对民众意愿的归纳总结,很多时候可以完全展现出民众心之所向。但是由于舆情的特殊存在性且其影响范围之广前所未见,导致不法分子有目的、特意地对舆情的发展方式进行引导,所以在某些时候反映民意的特性也会出现差别。总的来说,舆情是对现实社会的延伸。

建立完整的舆情调查和管理体系,对政府准确及时地把握民意、制定科学决策,以及建立健全社会预警机制有重要意义。而对于企业和其他社会组织而言,目前所面临的市场环境、经营环境、媒体环境和舆论环境都在发生巨变,能否建立有效应对网络舆情变化的传播与危机管理体制,对其发展也有重大影响。

本章对电网大事件舆情进行文本挖掘分析,主要内容如下:
(1) 对电网大事件舆情进行获取;
(2) 对舆情进行文本分析、词频统计和停用词过滤;
(3) 对舆情进行关键词提取;
(4) 对舆情进行情感分析。

5.2 网络爬虫

5.2.1 网络爬虫基础

网络爬虫(web crawler)是一种可以自动访问网络并获取某些信息的程序,有时也称为"网络机器人"。爬虫程序捕获的所有网页信息都将存储在系统中,必要时进行分析和过滤,并建立索引以供以后查询和检索。它们被广泛用于 Internet 搜索引擎和各种网站的开发中,并且在大数据和数据分析领域中也发挥着重要作用。爬虫可以按一定的逻辑大批量采集目标页面内容,并对数据进行进一步处理,人们借此能够更好、更快地获得并使用他们感兴趣的信息,从而方便地完成很多有价值的工作。

通常网络爬虫程序从一个或几个初始网页的 URL 开始以获取初始网页上的 URL。在获取网页的过程中,不断从当前页面提取新的 URL,并将它们放入队列中(例如 Python 的列表里),紧接着读取新的 URL 判断是否有停止条件,如果没有就返回继续爬取页面内容和 URL,直到满足程序的停止条件。

Python 爬虫基本流程如下。

(1) 发送请求。使用 HTTP 库向目标站点发起请求,即发送一个 request,request 包含请求头、请求体等。

(2) 获取响应内容。如果 request 的内容存在于目标服务器上,那么服务器会返回请求内容。response 包含 HTML、Json 字符串、图片、视频等。

(3) 解析内容。对用户而言,就是寻找自己需要的信息。对于 Python 爬虫而言,就是利用正则表达式或者其他库提取目标信息。解析 HTML 数据:正则表达式(RE 模块),第三方解析库如 BeautifulSoup、PyQuery 等。解析 json 数据:json 模块。解析二进制数据:以 wb 的方式写入文件。

(4) 保存数据。解析得到的数据可以多种形式,如文本、音频、视频等形式保存在本地。

网页的抓取策略主要分为深度优先、广度优先和最佳优先三种。深度优先在很多情况下会导致爬虫的陷入问题,目前常见的是广度优先和最佳优先方法。

1) 广度优先搜索

广度优先搜索策略是指在抓取过程中，在完成当前层次的搜索后，才进行下一层次的搜索。该算法的设计和实现相对简单。目前为覆盖尽可能多的网页，一般使用广度优先搜索方法。也有很多研究将广度优先搜索策略应用于聚焦爬虫中。其基本思想是认为与初始URL在一定链接距离内的网页具有主题相关性的概率很大。另外一种方法是将广度优先搜索与网页过滤技术结合使用，先用广度优先策略抓取网页，再将其中无关的网页过滤掉。这些方法的缺点在于，随着抓取网页的增多，大量的无关网页将被下载并过滤，算法的效率将变低。

2) 深度优先搜索

深度优先搜索策略从起始网页开始，选择一个URL进入，分析这个网页中的URL，选择一个再进入。如此一个链接一个链接地抓取下去，直到处理完一条路线之后再处理下一条路线。深度优先搜索策略设计较为简单。然而门户网站提供的链接往往最具价值，网页排名(PageRank)也很高，但每深入一层，网页价值和PageRank都会相应地有所下降。这暗示了重要网页通常距离种子较近，而过度深入抓取到的网页价值却很低。同时，这种策略的抓取深度直接影响着抓取命中率以及抓取效率，抓取深度是该种策略的关键。相对于其他两种策略，此种策略很少被使用。

3) 最佳优先搜索

最佳优先搜索策略按照一定的网页分析算法，预测候选URL与目标网页的相似度，或与主题的相关性，并选取评价最好的一个或几个URL进行抓取。它只访问经过网页分析算法预测为"有用"的网页。因为最佳优先策略是一种局部最优搜索算法，所以在爬虫抓取路径上的很多相关网页可能被忽略。因此需要将最佳优先结合具体的应用进行改进，以挑出局部最优点。

5.2.2 Python获取新闻数据

网页可以分为三大部分：HTML、CSS和JavaScript。如果把网页比作一个人的话，HTML相当于骨架，JavaScript相当于肌肉，CSS相当于皮肤，三者结合起来才能形成一个完善的网页。

1. HTML

超文本标记语言(hyper text markup language，HTML)是用来描述网页的一种语言。网页包括文字、按钮、图片和视频等各种复杂的元素，其基础架构就是HTML。不同类型的元素通过不同类型的标签来表示，如图片用img标签表示，视频用video标签表示，段落用p标签表示，它们之间的布局又常通过布局标签div嵌套组合而成，各种标签通过不同的排列和嵌套才形成了网页的框架。

在Chrome浏览器中打开微博搜索网，右击并选择"检查"项(或按F12键)，打开开发者模式，这时在Elements选项卡中即可看到网页的源代码，如图5-1所示。

图5-1展示了网页的源代码，整个网页是由各种标签嵌套组合而成。这些标签定义的节点元素相互嵌套和组合形成了复杂的层次关系，就形成了网页的架构。

图 5-1　网页源代码

```
html_sample = ' \
< html > \
< body > \
< h1 id = "title">Hello World </h1 > \
< a href = "#" class = "link">This is link1 </a > \
< a href = "# link2" class = "link">This is link2 </a > \
</body > \
</html >'
```

以上代码定义了一个最简单的 HTML 实例。最外层是 html 标签,最后还有对应的结束标签标示闭合,内部是 body 标签,表示网页体,也有结束标签。

2. CSS 选择器

CSS 选择器表示选择元素所使用的模式。在网络爬虫的开发过程中,对于熟悉 CSS 选择器语法的人,使用 CSS 选择器是个非常方便的方法。

下面是一些常用的选择器示例:

(1) 选择<a>标签:a;

(2) 选择所有 class="link"的元素:.link;

(3) 选择 id=" home "的标签:#home;

(4) 选择<a>标签内部的所有<span>标签:a span。

通过 BeautifulSoup 对 HTML 进行解析。

```
from bs4 import BeautifulSoup
soup = BeautifulSoup(html_sample, 'html.parser')
print(soup.text)
print(soup.select('h1')[0].text)
print(soup.select('a')[0].text)
print(soup.select('a')[1].text)
print(soup.select('#title')[0].text)
print(soup.select('.link')[0].text)
```

运行结果如下:

```
Hello World This is link1 This is link2
Hello World
This is link1
This is link2
Hello World
This is link1
```

3. 爬取新闻数据

本节从微博的搜索获取台风期间的相关新闻如图 5-2，获取目标网址: https://s.weibo.com/weibo? q=％E6％8A％97％E5％87％BB％E5％88％A9％E5％A5％87％E9％A9％AC％20％E4％BF％9D％E4％BE％9B％E7％94％B5&Refer=SWeibo_box。

图 5-2 微博网页

图 5-2 是目标网页，按 F12 键进入开发者模式，如图 5-3 查看网页源码，并且在页面选中相应元素，新闻对应的标签是 div.card-feed，接下来在这个标签内进行数据分析爬取。

爬取微博网页代码如下：

```
import requests
from bs4 import BeautifulSoup
res = requests.get("https://s.weibo.com/weibo?q=％E6％8A％97％E5％87％BB％E5％88％A9％E5％A5％87％E9％A9％AC％20％E4％BF％9D％E4％BE％9B％E7％94％B5&Refer=SWeibo_box")
res.encoding = 'utf-8'
```

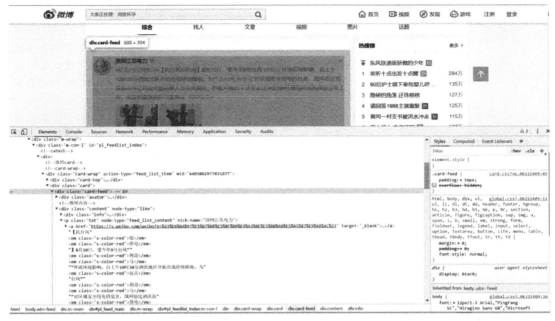

图 5-3　开发者模式

```
soup = BeautifulSoup(res.text,'html.parser')
newsary = []
for news in soup.select('.card-feed'):
    txt = news.select('.txt')[0].text
    idx = txt.rindex('#')
    #print(idx);
    txt = txt[idx+1:len(txt)]
    newsary.append({'topic':news.select('.txt a')[0].text,'text':txt})
import pandas as pd
newsExcel = pd.DataFrame(newsary)              #将结果转换为表格
newsExcel.to_excel('news.xlsx')                #导出 excel 表格
excel_file.to_csv('news.txt', sep = '\t', index = False)   #导出 txt 文件
```

爬取数据如表 5-1 所示。

表 5-1　微博搜索爬取部分数据

主　　题	文　　本
#抗击台风利奇马#	暴雨故障跳闸复送电工作,及时高效的供电服务。
#河北电力简讯#	电杆直矗入云间,昂首抬头怒对天。无惧利奇马翻天,何惧大雨水连连。电力女绷紧弦,抗击台风除隐患。佑护任城保供电,责任在肩重泰山。致敬所有逆风的行者!
#抗击台风利奇马#	【众志成城连夜抢修保供电】8月11日受台风"利奇马"影响,造成睢宁县魏集、凌晨、邱集、古邳等乡镇高低压线路及设备故障遭到不同程度的破坏,导致数千户居民失电。灾情发生后,国网睢宁县供电公司迅速组织130多名抢修人员、赶赴各乡镇电力受灾抢修现场,连夜抢修保居民供电。

续表

主　题	文　本
＃抗击台风利奇马＃	【冒风雨抢修受损线路保供电】8月11日15时许,国网沛县供电公司张庄供电所抢修人员哪里有故障"立马到"迎战"利奇马",冒雨清理被大风吹倒在10kV张庄109线0.4kV陈杨楼线路上大树,及时修复受损电力线路,确保受影响的客户第一时间恢复供电。
＃抗击台风利奇马＃	【冒雨抢修保供电】8月11日早上6时许,受台风"利奇马"影响,睢宁县商业步行街环网柜湿气太重,导致环网柜里的电线绝缘体出现故障,发生爆炸。事故发生后,国网睢宁县供电公司抢修人员迅速冒雨赶往事故现场更换受损的环网柜,确保受影响的商户第一时间恢复供电。
＃抗击台风利奇马＃	【供电员工"立马到"迎战"利奇马"快速抢修保供电】8月11日15时许,国网沛县供电公司龙固供电所抢修人员哪里有故障"立马到"迎战"利奇马",冒雨清理被大风雨吹倒在10kV龙新132线路上大树,确保受影响的客户第一时间恢复供电。
＃抗击台风利奇马＃	【迎洪峰保供电】解放军、武警、公安集结邳州市官湖镇沂河闸,山东临沂开闸泄洪,今夜沂河迎来45年以来最大洪峰。官湖供电所12名保电人员集结到位。为抢修忙了一天的他们,晚饭在路边摊买了矿泉水和菜煎饼充饥,黑夜坚守,守卫光明。
＃抗击台风利奇马＃	【全力战台风,抢修保供电】8月11日下午,山区徐州铜山区柳泉镇受台风利奇马影响,220千伏变出线的10千伏微塔线出现接地信号,国网徐州铜山区供电公司柳泉供电所运维班员工迅速出动巡查,消除88号杆线路开关故障,恢复该线路正常供电。
＃抗击台风利奇马＃	【冒雨涉水抢修保供电】8月11日,受今年低9号台风"利奇马"外围影响,江苏睢宁县部分低压线路受损,影响客户正常用电。灾情发生后,国网睢宁县供电公司迅速组织抢修人员冒雨涉水前往抢修,第一时间恢复供电。

5.2.3　八爪鱼获取评论数据

八爪鱼数据采集系统以完全自主研发的分布式云计算平台为核心,可以在很短时间内轻松从各种不同的网站或者网页获取大量的规范化数据,帮助任何需要从网页获取信息的客户实现数据自动化采集、编辑、规范化,摆脱对人工搜索及收集数据的依赖,从而降低获取信息的成本,提高效率。八爪鱼采集器属于"易用型",它主要通过模仿用户的网页操作进行数据采集,只需指定数据采集逻辑和可视化选择采集的数据,即可完成采集规则的制定。因此,在微博评论数据抓取工具选择的是八爪鱼采集器。

利用八爪鱼采集器从新浪微博的深圳大面积停电话题中,选择评论较多的微博进行评论的获取,如图5-4所示。

在八爪鱼采集器中选择模板"微博网页"——"博文评论",此模板用于采集新浪微博下的具体某个微博博主的某个博文的评论信息。

(1) 单击【立即使用】进入参数配置界面。

(2) 输入微博用户名。

(3) 输入微博账号密码。

(4) 输入要采集的博文网址,"https://weibo.com/1965575074/GzDkuak4J? type＝

图 5-4 微博评论页面

comment"。支持多个网址输入,最多可达 100 000 个。

(5)输入查看更多一级评论次数,最大设置 1000 次,一级评论要点击"查看更多"展开,一次约加载 15 条评论。

(6)输入查看更多二级评论次数,二级评论是会被折叠的,需要点击加载,规则限制了最大 10 000 次展开,建议设置的次数不小于查看更多一级评论的次数。

(7)所有参数设置完毕后,单击【保存并启动】进行采集。

获取的部分评论内容如表 5-2。

表 5-2 微博评论

评 论 者	评 论 内 容
原梓崩坏	希望快点来电,叔叔们也要注意安全。
爱睡觉的玉 yu	感谢奋斗在一线的你们,要注意安全!
叶芸馨	我罗湖还没有电,什么时候来电?

续表

评 论 者	评 论 内 容
Lucky42 的尾巴	横岗来电了,只停了一个小时,抢修效率很高。
帆啊帆学 LOCKING	不不不,你们安全第一,虽然我也很想要电。
瓜皮阿周	罗湖红桂路这里什么时候能来电啊？停了一下午了。
莫惜颜 xiu	注意安全,龙岗盛平停电一下午了。
红色白头翁 010	叔叔们辛苦了注意安全！还是要问一声五和什么时候来电,都一天了！没吃没喝的。
MHT 管我叫喳喳	南头街……停电停了一天了,晚上会有电吗？
云渡玄北	顺带提一下,龙岗坂田已经停电超过 12 小时了。
你要来一根吗	罗湖区大望停了 8 个小时了。
三三宝宝	罗湖翠竹求电。
三三宝宝	请问罗湖翠竹什么时候通电啊？
Cw_潔	龙岗大芬什么时候能来电呢？麻烦了。
sleikang	坂田大发埔停了一个下午了。
CheukYanWong-	宝安兴东地铁站片区求电。
大蚊子先生 1992	龙华水斗新村这边,停电好久了。之前不台风的时候,也停过好几次。听说因为某个变压器又坏了,今天晚上是来不了电了吗？

5.3 文本挖掘

自然语言处理(natural language processing,NLP)是计算机科学领域与人工智能领域中的一个重要方向,它研究能实现人与计算机之间用自然语言进行有效通信的各种理论和方法。自然语言处理是一门融语言学、计算机科学、数学于一体的科学,因此,这一领域的研究将涉及自然语言,即人们日常使用的语言,所以它与语言学的研究有着密切的联系,但又有重要的区别。自然语言处理并不是一般地研究自然语言,而在于研制能有效地实现自然语言通信的计算机系统,特别是其中的软件系统。自然语言处理包括中文分词、关键词提取、情感分析等。

5.3.1 中文分词

1. 中文分词技术

将文本分解而成的单元(单词、字符或连词)叫作标记,将文本分解成标记的过程叫作分词。分词分为中文分词和英文分词。英文分词可以由空格作为判断标准,但是中文方面,就困难得多了。

中文分词(chinese word segmentation) 指的是将一个汉字序列切分成一个一个单独的词。分词就是将连续的字序列按照一定的规范重新组合成词序列的过程。

最常见的分词算法可以分为三大类：基于字符串匹配的分词方法、基于理解的分词方法、基于统计的分词方法。

(1) 基于字符串匹配的分词方法。这种方法又叫作机械分词方法,它是按照一定的策略将待分析的汉字串与一个"充分大的"机器词典中的词条进行匹配,若在词典中找到某个字符串,则匹配成功(识别出一个词)。

(2) 基于理解的分词方法。这种分词方法是通过让计算机模拟人对句子的理解,达到识别词的效果。其基本思想就是在分词的同时进行句法、语义分析,利用句法信息和语义信息来处理歧义现象。它通常包括三个部分:分词子系统、句法语义子系统、总控部分。在总控部分的协调下,分词子系统可以获得有关词、句子等的句法和语义信息来对分词歧义进行判断,即它模拟了人对句子的理解过程。这种分词方法需要使用大量的语言知识和信息。由于汉语语言知识的笼统、复杂性,难以将各种语言信息组织成机器可直接读取的形式,因此目前基于理解的分词系统还处在试验阶段。

(3) 基于统计的分词方法。给出大量已经分词的文本,利用统计机器学习模型学习词语切分的规律(称为训练),从而实现对未知文本的切分。例如最大概率分词方法和最大熵分词方法等。随着大规模语料库的建立以及统计机器学习方法的研究和发展,基于统计的中文分词方法渐渐成为主流方法。

2. Jieba 分词

Jieba 分词是一款非常流行中文开源分词包,具有高性能、准确率、可扩展性等特点。Jieba 分词依靠中文词库,利用一个中文词库,确定汉字之间的关联概率,支持繁体分词,支持自定义词典。Jieba 分词需要额外安装,安装语句如下:

```
pip install jieba
```

Jieba 分词支持以下三种分词模式。

1) 精确模式

精确模式是将句子最精确地分开,适合文本分析。jieba.cut 实现分词,其中参数 cut_all 确定分词模型,默认值为 False,即采用精确模式。

```
import jieba
text = "国网徐州铜山区供电公司柳泉供电所运维班员工"
str_jz = jieba.cut(text, cut_all = False)
print("|".join(str_jz))
```

运行结果如下:

国网|徐州|铜|山区|供电|公司|柳泉|供电所|运维班|员工

2) 全模式

全模式是将句子中所有可以成词的词语都扫描出来,速度快,不能解决歧义。jieba.cut 实现分词,其中参数 cut_all 确定分词模型,如果为 True,则为全模式。

```
str_quan = jieba.cut(text,cut_all = True)
print("|".join(str_quan))
```

运行结果如下:

国|网|徐州|铜山|山区|供电|公司|柳泉|供电|供电所|所运|维|班|员工

3) 搜索引擎模式

搜索引擎模式是在精确的基础上,对长词再次切分,提高召回率,适用于搜索引擎分词。jieba.cut_for_searh 实现搜索引擎模式。

```
str_soso = jieba.cut_for_search(text)
print("|".join(str_soso))
```

运行结果如下:

国网|徐州|铜|山区|供电|公司|柳泉|供电|供电所|运维班|员工

3 种模式中"国网徐州铜山区供电公司柳泉供电所运维班员工"的分词结果进行对比,见表 5-3。

表 5-3　3 种分词模式

分词模式	对应分词集合
精准模式	国网|徐州|铜|山区|供电|公司|柳泉|供电所|运维班|员工
全模式	国|网|徐州|铜山|山区|供电|公司|柳|泉|供电|供电所|所运|维|班|员工
搜索引擎模式	国网|徐州|铜|山区|供电|公司|柳泉|供电|供电所|运维班|员工

对表 5-3 进行结果分析,默认模式是精准模式,与全模式相比,精准模式分词的词量少,分词相对精准。精准模式常用于文本分析。全模式把句子中所有可以成词的词语都扫描出来,速度快。搜索引擎模式在精准模式基础上,对长词再次切分,通常适合用于搜索引擎需求下的分词。

3. 标注词性

在中文分词中,划分词性很重要,Jieba 分词可以标注分词的词性,常用词性类别表见表 5-4。

表 5-4　常用词性类别表

词性编码	词性名称	说　明
a	形容词	取英语形容词 adjective 的第 1 个字母
ad	副形词	直接作状语的形容词。形容词代码 a 和副词代码 d 并在一起
c	连词	取英语连词 conjunction 的第 1 个字母
d	副词	取 adverb 的第 2 个字母,因其第 1 个字母已用于形容词
f	方位词	取汉字"方"
m	数词	取英语 numeral 的第 3 个字母,n、u 已有他用
n	名词	取英语名词 noun 的第 1 个字母
nr	人名	名词代码 n 和"人(ren)"的声母并在一起
ns	地名	名词代码 n 和处所词代码 s 并在一起
nt	机构团体	"团"的声母为 t,名词代码 n 和 t 并在一起
nz	其他专名	"专"的声母的第 1 个字母为 z,名词代码 n 和 z 并在一起
v	动词	取英语动词 verb 的第一个字母
q	量词	取英语 quantity 的第 1 个字母

使用 Jieba 分词标注词性：

```
import jieba.posseg as pseg
text = "暴雨故障跳闸复送电工作"
word = pseg.cut(text)
for w in word:
    if w.flag in ['n','v']:
        print(w.word,w.flag)
```

运行结果为：

暴雨 n
故障 n
跳闸 v
复 v
送电 v

词性用来描述一个词在上下文中的作用。上述代码中提取了名词和动词，根据具体的需求选择词性进行提取，可以有效完成项目目标。对上节爬取微博新闻数据进行词性分析，主要词性如图 5-5 所示。

5.3.2 词频统计

这里采用上节获取的新闻数据。

```
news = [line.rstrip('\n') for line in open('news.txt')]
word_list = [word for text in news for word in list(jieba.cut(text))]
print(word_list[:10])
```

运行结果为：

['杆', '暴雨', '故障', '跳闸', '复', '送电', '工作', '，', '及时', '高效']

调用程序包 numpy 的函数 unique() 做词频统计。调用程序包 numpy 的函数 argsort() 按词频倒叙排列。

```
import numpy as np
word_freq = np.unique(word_list, return_counts = True)
sort_ind = np.argsort(-word_freq[1])
print(word_freq[0][sort_ind[:10]])
print(word_freq[1][sort_ind[:10]])
```

运行结果为：

[' ' '0.4' '1' '10' '109' '10kV' '10kV' '11' '130' '132']
[319 1 1 12 1 1 1 8 1 1]

返回结果中，第 1 个元素是词的数组，第 2 个元素是词频的数组。
接着，绘制排名前 20 的词和词频，代码如下：

```
import matplotlib.pyplot as plt
plt.rcParams['font.sans-serif'] = ['SimHei']
```

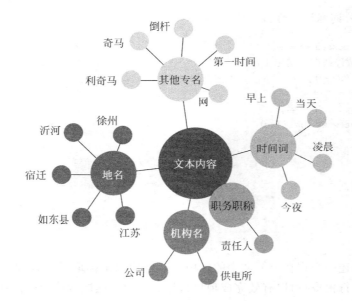

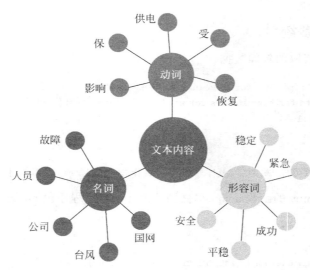

图 5-5　主要词性

```
top_N = 20
plt.figure(figsize = (10,4))
plt.bar(np.arange(top_N), word_freq[1][sort_ind[:top_N]], align = "center", alpha = 0.5)
plt.xticks(np.arange(top_N), word_freq[0][sort_ind[:top_N]])
plt.ylabel('词频')
plt.title("词频前" + str(top_N) + "的关键词")
plt.show()
```

运行结果如图 5-6 所示。

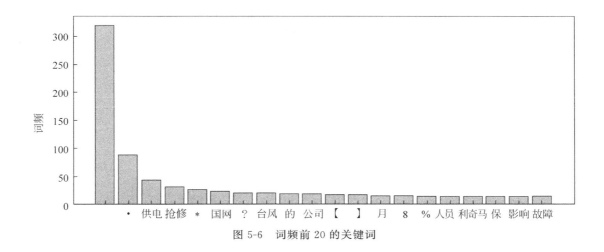

图 5-6　词频前 20 的关键词

5.3.3　停用词过滤

由 5.3.2 节中可以看出，有许多词频排名靠前的词是标点符号或意义不大的词（如"的""了""是"等）。在构建自然语言处理的过程中，经常会排除这些实际意义不大的停用词。在信息检索中，为节省存储空间和提高搜索效率，在处理自然语言数据（或文本）之前或之后会自动过滤掉某些字或词，这些字或词即被称为停用词（stopwords）。称它们为停用词是因为在文本处理过程中如果遇到它们，则立即停止处理，将其扔掉。将这些词扔掉减少了索引量，增加了检索效率，并且通常会提高检索的效果。停用词主要包括英文字符、数字、数学字符、标点符号及使用频率特高的单汉字等。这些停用词都是人工输入、非自动化生成的，生成后的停用词会形成一个停用词表。人类语言包含很多功能词。与其他词相比，功能词没有什么实际含义。最普遍的功能词是限定词和介词。这些功能词在搜索引擎的文本处理过程中对其特殊对待。第一，这些功能词极其普遍，记录这些词在每一个文档中的数量需要很大的磁盘空间。第二，由于它们的普遍性和功能，这些词很少单独表达文档相关程度的信息。如果在检索过程中考虑每一个词而不是短语，这些功能词基本没有什么帮助。

载入中文常用停用词库（stopwords.txt），包含了近两千个停用词。

```
stop_words = [line.rstrip() for line in open('stopwords.txt', 'r')]
print(stop_words[:40])
```

运行结果展示前 40 个停用词，如下所示：

['a', 'b', 'c', 'd', 'e', 'eve', 'f', 'g', 'h', 'i', 'j', 'k', 'l', 'm', 'n', 'o', 'p', 'q', 'r', 's', 't', 'u', 'v', 'w', 'x', 'y', 'z', '阿', '啊', '啊啊', '啊哈', '啊呀', '啊哟', '哎', '哎呀', '哎哟', '唉', '挨次', '挨个', '挨着']

对文本分别做中文分词，过滤停用词和空格，并生成词的列表。

```
word_list = [word for text in news for word in list(jieba.cut(text)) if word not in (stop_words + [' '])]
word_freq = np.unique(word_list, return_counts = True)
sort_ind = np.argsort( - word_freq[1])
```

```
print(word_freq[0][sort_ind[:20]])
print(word_freq[1][sort_ind[:20]])
```

查看排名前 20 的词和词频，运行结果如下：

['供电' '抢修' '国网' '台风' '公司' '人员' '影响' '利奇马' '故障' '保' '线路' '受' '恢复' '冒雨' '电力' '江苏' '供电所' '徐州' '睢宁县' '组织']
[44 31 23 20 19 14 14 14 14 14 13 12 11 8 8 8 8 8 6 6]

接着绘制排名前 20 的词和词频，代码如下：

```
top_N = 20
plt.figure(figsize = (10,4))
plt.bar(np.arange(top_N), word_freq[1][sort_ind[:top_N]], align = "center", alpha = 0.5)
plt.xticks(np.arange(top_N), word_freq[0][sort_ind[:top_N]])
plt.ylabel('词频')
plt.title("词频前" + str(top_N) + "的关键词")
plt.show()
```

运行结果如图 5-7 所示。

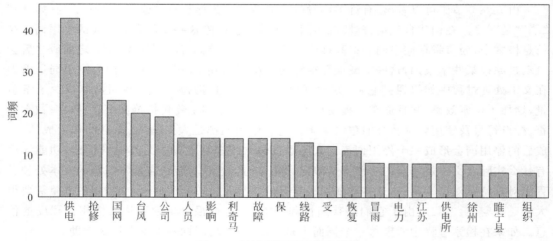

图 5-7 过滤停用词后的关键词

5.3.4 文档主题生成模型

LDA(latent dirichlet allocation)是一种文档主题生成模型，也称为一个三层贝叶斯概率模型，包含词、主题和文档三层结构。所谓生成模型，就是认为一篇文章的每个词都是通过"以一定概率选择了某个主题，并从这个主题中以一定概率选择某个词语"这样一个过程得到。文档到主题服从多项式分布，主题到词服从多项式分布。一篇文档可以包含多个主题，文档中每一个词都由其中的一个主题生成。

它是一种主题模型，可以将文档集中每篇文档的主题按照概率分布的形式给出。同时是一种无监督学习算法，在训练时不需要手工标注的训练集，需要的仅仅是文档集以及指定主题的数量 k。此外 LDA 的另一个优点是，对于每一个主题均可找出一些词语来描述它。

首先载入需要的包:

```python
import numpy as np
import jieba
import jieba.analyse
import re
import matplotlib.pyplot as plt
from sklearn.feature_extraction.text import TfidfVectorizer, CountVectorizer
from sklearn.decomposition import LatentDirichletAllocation
plt.rcParams['font.sans-serif'] = ['SimHei']
news = [line.rstrip('\n') for line in open('news.txt')]           #载入网络爬取数据
stop_words = [line.rstrip() for line in open('stopWords.txt', 'r')]   #载入停用词库
```

1. 词频向量化矩阵

文本数据在输入模型前,需要将文本转换为词频矩阵,如矩阵中的元素 $a[i][j]$ 表示索引 i 的评论文本中索引为 j 的词的词频。该过程称为向量化。

调用程序包 sklearn.feature_extraction.text 的构造函数 CountVectorizer() 创建一个用于将评论文本转换为词频矩阵的向量化器,其中:

(1) 参数 tokenizer 表示分词器,这里调用结巴分词函数做分词,而仅保留完全由中文字符组成的词语,即词语包含的字符在 Unicode 编号 "4E00" 到 "9FD5" 之间;

(2) 参数 max_features 表示词频矩阵中保留词频为排名前多少的词语,这里保留前 1000 个高频词;

(3) 参数 stop_words 表示停用词,即在结果中去除这些实际意义不大的词语。

```python
chi_pattern = re.compile('[\u4E00-\u9FD5]+')
tf_vectorizer = CountVectorizer(tokenizer = lambda x : (w for w in jieba.cut(x) if chi_pattern.search(w)), max_features = 1000, stop_words = stop_words)
```

调用词频向量化器的函数 fit_transform() 得到词频矩阵。

```python
tf_matrix = tf_vectorizer.fit_transform(news)
print(tf_matrix.shape)
```

调用词频向量化器的函数 get_feature_names() 得到所有词语索引的列表。

```python
features = tf_vectorizer.get_feature_names()
print(features[:20]) #输出前 20 个词语
```

运行结果为:

['一大早', '七里', '三为', '下午', '严阵以待', '丰县', '临沂', '乡镇', '买', '事故', '事故现场', '云间', '亮报', '人员', '人民', '今夜', '任城保', '伏', '伏浦元线', '众志成城']

2. LDA 文档主题生成模型

调用程序包 sklearn.decomposition 的构造函数 LatentDirichletAllocation() 创建 LDA 文档主题生成模型,其中:

(1) 参数 n_components 表示主题数,这里设为 5 个主题;

(2) 参数 random_state 表示随机数种子。

调用 LDA 文档主题生成模型的函数 fit() 训练模型。

```
lda = LatentDirichletAllocation(n_components = 5 , random_state = 0)
lda.fit(tf_matrix)
```

使用 LDA 文档主题生成模型的属性 components_ 得到生成主题中每个词的权重，其中行表示主题，列表示词。

```
print(lda.components_.shape)
print(lda.components_)
```

运行结果为：

```
(5, 346)
[[1.19999717 0.20000407 1.19999224 ... 0.20000197 0.20000214 0.20000214]
 [0.20000141 0.20000772 0.20000394 ... 0.20000377 0.20000396 0.20000396]
 [0.20000085 0.20000493 0.2000023  ... 0.2000022  0.20000236 0.20000236]
 [0.20000024 1.1999815  0.20000063 ... 0.20000058 0.20000067 0.20000067]
 [0.20000034 0.20000177 0.20000089 ... 1.19999148 1.19999087 1.19999087]]
```

遍历每个主题，输出每个主题对应的权重最高的 10 个词。

```
for i, topic in enumerate(lda.components_):
    print("主题" + str(i) + ": " + str([features[j] for j in topic.argsort()[:-9:-1]]))
```

运行结果为：

```
主题 0: ['抢修', '公司', '供电', '故障', '户', '人员', '组织', '高压']
主题 1: ['高效', '服务', '暴雨', '工作', '复', '跳闸', '杆', '保电']
主题 2: ['台风', '迎战', '江苏', '保电', '配电', '地区', '平稳', '国家电网']
主题 3: ['供电', '抢修', '国网', '台风', '保', '线路', '公司', '影响']
主题 4: ['供电', '国网', '抢修', '徐州', '利奇马', '公司', '受', '恢复']
```

5.3.5 关键词提取

关键词是能够表达文档中心内容的词语，常用于计算机系统标引论文内容特征、信息检索、系统汇集以供读者检阅。关键词提取是文本挖掘领域的一个分支，是文本检索、文档比较、摘要生成、文档分类和聚类等文本挖掘研究的基础性工作。本节介绍 TF-IDF 关键词提取。

词频-逆向文件频率(term frequency-inverse document frequency，TF-IDF)是一种用于信息检索与数据挖掘的常用加权技术，常用于挖掘文章中的关键词，而且算法简单高效。

TF-IDF 的主要思想是：如果词在一篇文档中出现的频率高，并且在其他文档中很少出现，则认为词具有很好的区分能力，适合用来把这篇文章和其他文章区分开来。TF-IDF 有两层意思，一层是"词频"(term frequency，TF)，另一层是"逆文档频率"(inverse document frequency，IDF)。当有 TF 和 IDF 后，将这两个词相乘，就能得到一个词的 TF-IDF 值。某个词在文章中的 TF-IDF 越大，那么一般而言这个词在这篇文章的重要性会越高，所以通过计算文章中各个词的 TF-IDF，由大到小排序，排在最前面的几个词，就是该文章的关键词。

TF-IDF 算法通常分为三步,步骤如下。

第一步,计算词频:

$$\text{TF} = \frac{某个词在文章中的出现次数}{文章的总词数}$$

第二步,计算逆文档频率(此处需要一个语料库,用来模拟语言的使用环境):

$$\text{IDF} = \log\left(\frac{语料库的文档总数}{包含该词的文档数+1}\right)$$

如果一个词越常见,那么分母就越大,逆文档频率就越小,越接近 0。分母之所以要加 1,是为了避免分母为 0(即所有文档都不包含该词)。

第三步,计算 TF-IDF:

$$\text{TF}-\text{IDF} = 词频(\text{TF}) \times 逆文档频率(\text{IDF})$$

调用程序包 jieba.analyse 的函数 extract_tags()进行基于 TF-IDF 算法的关键词提取,其中参数说明如下:

(1) sentence 参数表示输入文本;
(2) topK 参数表示返回 TF-IDF 权重最大的关键词的个数,默认值为 20;
(3) withWeight 参数表示是否同时返回关键词的权重值,默认值为假;
(4) allowPOS 参数表示仅包括指定词性的词,默认值为空,即不筛选。

关键词抽取范例如下:

```
text = "8月10日,第九号超强台风利奇马即将登陆江苏,镇江地区风雨交加,国网镇江七里供电所抢修人员积极出动,针对大风刮倒树枝碰线故障开展抢修,保障电力平稳有序。"
keywords = jieba.analyse.extract_tags(text)
print("|".join(keywords1))
```

运行结果如下:

抢修|镇江|供电所|第九号|10|利奇马|国网|碰线|风雨交加|强台风|刮倒|七里|故障|大风|出动|树枝|有序|登陆|平稳|电力

如果要查看关键词的权重,可以通过设置参数 withWeight 实现。

```
keywords = jieba.analyse.extract_tags(text,withWeight = True)
for item in keywords[0:5]:
    print(item[0],item[1])
```

运行结果如下:

抢修 0.6434788273286667
镇江 0.5453577250246667
供电所 0.46335592173333334
第九号 0.44025101571333336
10 0.39849225009666667
利奇马 0.39849225009666667

以上结果中第一项为关键词,第二项为权重。

5.3.6 情感分析

文本情感分析也叫意见挖掘和倾向性分析。简而言之,是对带有情感色彩的主观性文本进行分析、处理、归纳和推理的过程。互联网包含大量的用户参与的、对于诸如人物、事件、产品等有价值的评论信息。这些评论信息表明了人们的各种情感色彩和情感倾向性,如喜、怒、哀、乐和批评、赞扬等。因此,潜在的用户就可以通过浏览这些评论来了解其他人对于某一事件或产品的看法。

SnowNLP 是一个中文的自然语言处理的 Python 库,可以方便地处理中文文本内容,是受到了 TextBlob 的启发而写的。SnowNLP 是一个处理中文的类库,有中文分词、词性标注、情感分析、文本分类、拼音、繁简、提取关键词摘要等功能。下载后可以直接用,不用训练。

基于 SnowNLP 类库进行情感值计算后会返回一个介于 0 和 1 之间的数值,若该数值越接近 1 则该文本为正向样本的概率越大,反之更可能为负向样本。

```
from snownlp import SnowNLP
text = '感谢奋斗在一线的你们,要注意安全'
s = SnowNLP(text)
print(s.sentiments)
```

运行结果为:

0.9751143483844543

该结果显示此文本为正向样本的概率为 0.975,与实际语义较为符合。

对 5.2 节获取的微博评论数据进行情感分析,结果如表 5-5 所示。

表 5-5 评论情感分析

评 论 内 容	情感分析
希望快点来电,叔叔们也要注意安全。	0.18
感谢奋斗在一线的你们,要注意安全!	0.98
我罗湖还没有电,什么时候来电?	0.55
不不不,你们安全第一,虽然我也很想要电。	0.18
罗湖红桂路这里什么时候能来电啊?停了一下午了。	0.41
注意安全,龙岗盛平停电一下午了。	0.03
叔叔们辛苦了注意安全!还是要问一声五和什么时候来电,都一天了!没吃没喝的。	0.01
南头街……停电停了一天了,晚上会有电吗?	0.004
顺带提一下,龙岗坂田已经停电超过 12 小时了。	0.01
罗湖区大望停了 8 个小时了。	0.59
罗湖翠竹求电。	0.64
请问罗湖翠竹什么时候通电啊?	0.55
龙岗大芬什么时候能来电呢?麻烦了。	0.099
坂田大发埔停了一个下午了。	0.60
宝安兴东地铁站片区求电。	0.81
龙华水斗新村这边,停电好久了。之前不台风的时候,也停过好几次。听说因为某个变压器又坏了,今天晚上是来不了电了吗?	0.004

由表 5-5 可以看出,电力稳定关系国计民生,停电对大众生活影响非常大,负面评论较多,这个时期特别要注意实时发布信息,公布检修状况和来电时间。

5.3.7 词云图

前面对文本进行分词、词频统计、停用词过滤、关键词提取、情感分析,为了对文本挖掘的结果有一个形象的展示,本小节绘制词云图。词云图,也叫文字云,是对文本中出现频率较高的"关键词"予以视觉化的展现,词云图过滤掉大量的低频低质的文本信息,使得浏览者只要一眼扫过文本就可领略文本的主旨。

在关键词提取的基础上,得到关键词和词频,采用在线工具(wordart.com)制作个性化词云图,如图 5-8 所示。

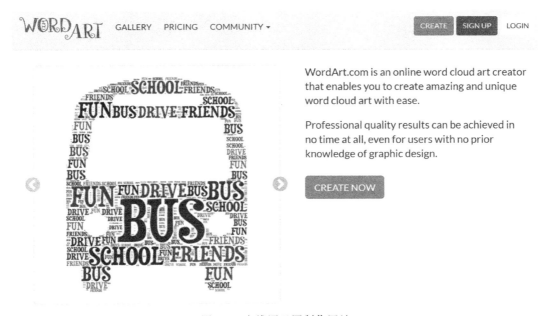

图 5-8 在线词云图制作网站

(1)输入关键词和权重:前文对新闻数据在过滤停用词后,得到排名前 20 的关键词和词频,运行结果如表 5-6 所示。

表 5-6 关键词和词频

关键词	词频	关键词	词频
供电	44	线路	13
抢修	31	受	12
国网	23	恢复	11
台风	20	冒雨	8
公司	19	电力	8
人员	14	江苏	8
影响	14	供电所	8
利奇马	14	徐州	8
故障	14	睢宁县	6
保	14	组织	6

(2) 在 SHAPES 中选择与主题相符的形状。

(3) 在 FONTS 中选择字体,系统自带的是英文字体,需要自行加载中文字体。中文 Windows 的字体在 C:\Windows\Fonts 文件夹下,STSONG.TTF 是华文宋体。

(4) 在 LAYOUT 中设置文字的布局。

(5) 在 STYLE 中设置文字和背景的颜色。

制作出词语图如图 5-9 所示。

图 5-9 词云图

5.4 上机实验

1. 实验目的

(1) 学习运用 Python 进行网络数据爬取。

(2) 学习使用八爪鱼获取网络数据。

(3) 学习运用 Jieba 对文本进行分词处理的方法。

(4) 学习运用 TF-IDF 关键词提取。

(5) 学习 SnowNLP 进行情感分析。

2. 实验内容

(1) 在微博设置关键词,用 Python 和八爪鱼爬取相关新闻和评论。
(2) 对获取的新闻内容使用 Jieba 进行分词处理、词频统计和停用词过滤。
(3) 对获取的新闻内容运用 TF-IDF 关键词提取。
(4) 对获取的新闻内容运用 SnowNLP 进行情感分析。
(5) 使用 wordart 制作词云图。

第 6 章

电力行业股票量化分析

我国经济发展水平稳步提高,而经济的发展往往离不开电力发展。我国能源互联网技术发展迅速,需求侧响应、虚拟电厂和综合能源等业务已经初具规模。各省份的电力市场机制也在不断地发展完善,能源互联网项目在不断探寻市场的新模式。而电力行业作为国家基础行业,其发展是与国民经济息息相关的,行业的增长周期与宏观经济的增长具有很高的相关性。总的来说,电力发展的速度应该先于整个经济产业的发展。从历史数据分析来看,发电量水平与 GDP 呈高度正相关。在经济持续增长的年份里,随着宏观经济的快速增长,全国用电量将会持续上涨,电力需求不断扩大,发电量也在迅速上升,所带来的收益也将扩大。因此,电力行业是能伴随我国经济增长的行业之一,具有重要的研究意义。

近年来量化投资领域逐渐受到广泛关注,成为一个十分热门的研究方向。利用数学、统计、机器学习等技术,量化投资充分挖掘各资产历史价格演变的规律,利用这些规律形成投资策略,获取高额收益。量化投资近年来受到了机构投资者以及个人投资者的广泛关注。量化投资兴起于 20 世纪 60 年代,当时随着计量工具的研究,不断有投资者尝试对市场价格进行定量化研究。而我国金融以及相关衍生品市场起步较晚,量化投资受到市场的广泛重视是 2010 年以后的事情。而且目前市场上量化相关的投资理财产品相对较少,同时由于市场交易规则限制,量化投资策略也不如欧美等国家丰富,因此量化投资策略的研究在我国市场具有巨大的发展空间。

6.1 数据获取

Tushare 是一个免费、开源的 Python 财经数据接口包。主要实现对股票等金融数据从数据采集、清洗加工到数据存储的过程,能够为金融分析人员提供快速、整洁和多样的便于分析的数据,为他们在数据获取方面极大地减轻工作量,使他们更加专注于策略和模型的研究与实现上。考虑到 Python Pandas 包在金融量化分析中体现出的优势,Tushare 返回的绝大部分的数据格式都是 pandas DataFrame 类型,非常便于用 Pandas/NumPy/Matplotlib 进行数据分析和可视化。Tushare 同时兼容 Python 2.x 和 Python 3.x。

本章针对电力能源类股票量化分析,使用 Tushare 包,以"上海电力"(股票代码:

600021)为例,进行收益率的分析并使用 pandas 的函数进行数据的描述性统计。

Tushare 包中 get_k_data 含义是获取 k 线数据,主要参数如下:

(1) code 表示证券代码,支持沪深 A、B 股,支持全部指数,支持 ETF 基金;
(2) ktype 表示数据类型,默认为 D 日线数据,D=日 k 线,W=周 k 线,M=月 k 线;
(3) autype 表示复权类型,qfq 是前复权,hfq 是后复权,None 是不复权,默认为 qfq;
(4) index 表示是否为指数,默认为 False,设定为 True 时认为 code 为指数代码;
(5) start 表示开始日期,为空时取当前日期;
(6) end 表示结束日期。

```
pip install tushare                              # 安装 tushare 包
import pandas as pd
import numpy as np
import matplotlib.pyplot as plt                  # 正常显示画图时出现的中文
from pylab import mpl                            # 这里使用微软雅黑字体
mpl.rcParams['font.sans-serif'] = ['SimHei']     # 画图时显示负号
mpl.rcParams['axes.unicode_minus'] = False
import seaborn as sns                            # 画图使用
import tushare as ts
sh = ts.get_k_data(code = '600021', ktype = 'D', autype = 'qfq', start = '2015-01-01', end = '2020-01-01')                                              # 设置起始时间和结束时间
sh.head(10)                                      # 查看下数据前 10 行
```

运行后得到上海电力从 2015 年 1 月 1 日到 2020 年 1 月 1 日的数据,开始 10 天的数据如表 6-1 所示。

表 6-1 前 10 行数据

	时间(date)	开盘价(open)	收盘价(close)	最高价(high)	最低价(low)	成交量(volume)	证券代码(code)
0	2015-01-05	7.308	7.634	7.689	7.252	815 248.0	600021
1	2015-01-06	7.643	7.522	7.643	7.345	408 593.0	600021
2	2015-01-07	7.513	8.275	8.275	7.373	1 044 266.0	600021
3	2015-01-08	8.182	8.108	8.647	7.866	1 011 253.0	600021
4	2015-01-09	7.950	7.903	8.405	7.847	560 653.0	600021
5	2015-01-12	7.857	7.596	7.857	7.503	353 499.0	600021
6	2015-01-13	7.596	7.671	7.857	7.578	244 745.0	600021
7	2015-01-14	7.661	7.466	7.727	7.364	298 666.0	600021
8	2015-01-15	7.513	7.606	7.624	7.438	212 412.0	600021
9	2015-01-16	7.764	7.801	8.024	7.615	529 165.0	600021

表 6-1 中包含了开盘价、最高价、最低价、收盘价、成交量等指标,指标含义如表 6-2 所示。

表 6-2 指标含义

股票指标名称	指标含义
开盘价(open)	每个交易日开市后的第一笔每股买卖成交价格
最高价(high)	交易日内的最高成交价格
最低价(low)	交易日内的最低成交价格

续表

股票指标名称	指标含义
收盘价(close)	最后一笔交易前一分钟所有交易的成交量加权平均价,无论当天股价如何振荡,最终将定格在收盘价上
成交量(volume)	指一个时间单位内对某项交易成交的数量,可根据成交量的增加幅度或减少幅度来判断股票趋势,预测市场供求关系和活跃程度

对于获取的股票数据,采用 pandas 的 describe()函数进行数据的描述性统计,count 为数据样本,mean 为均值,std 为标准差,min 为最小值,max 为最大值,25%为四分之一分位数、50%为二分之一分位数,75%为四分之三分位数。

```
sh.describe().round(2)    # 小数点后取 2 个小数
```

运行结果如表 6-3 所示。从表 6-3 可以看出,上海电力从 2015 年 1 月 1 日到 2020 年 1 月 1 日,一共有 1142 个样本,收盘价的均值为 10.99,标准差为 4.25,最大值是 31.52,股票波动还是比较大的。

表 6-3 股票数据分布

项目	开盘价(open)	收盘价(close)	最高价(high)	最低价(low)	成交量(volume)
数量	1142.00	1142.00	1142.00	1142.00	1142.00
均值	10.98	10.99	11.20	10.76	203 574.12
标准差	4.24	4.25	4.47	4.01	303 592.06
最小值	6.17	6.19	6.37	6.15	13 506.00
25%	8.15	8.13	8.20	8.05	43 595.50
50%	9.86	9.86	9.95	9.71	77 059.50
75%	12.09	12.11	12.29	11.91	181 078.50
最大值	31.43	31.52	32.82	30.12	1 867 640.00

6.2 数据分析

6.2.1 基础数据分析

首先,绘制股票在 2015 年到 2020 年的日成交量的时间序列图。以时间为横坐标,每日的成交量为纵坐标,绘制折线图,可以观察股票成交量随时间的变化情况。

```
sh.index = pd.to_datetime(sh.date)           # 将数据列表中的第 0 列'date'设置为索引
sh['volume'].plot(figsize = (10,5))          # 画出收盘价的走势
plt.title('上海电力 2015 - 2020 年走势图')
plt.xlabel('日期')
plt.show()
```

运行结果如图 6-1 所示。

由图 6-1 看出,2016 年到 2018 年期间股票成交量大,波动剧烈,2018 年后成交量较小。接着,根据获取股票收盘价数据,绘制股票走势图,如图 6-2 所示。

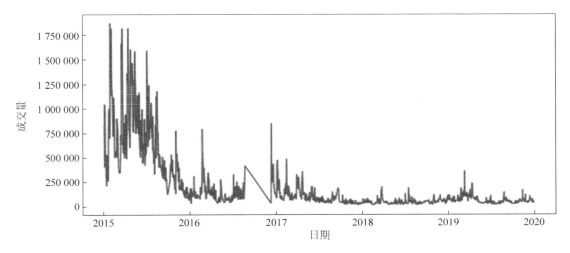

图 6-1 上海电力 2015—2020 年成交量走势图

```
sh.index = pd.to_datetime(sh.date)        ♯将数据列表中的第 0 列'date'设置为索引
sh['close'].plot(figsize = (10,5))        ♯画出收盘价的走势
plt.title('上海电力 2015－2020 年收盘图')
plt.xlabel('日期')
plt.show()
```

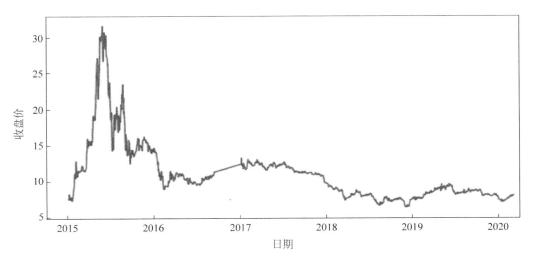

图 6-2 上海电力 2015—2020 年收盘价走势图

从图 6-2 可以看出,2015 年到 2016 年股票价格波动较为明显,出现了非常明显的变化,股票价格急速上涨又急速下跌,这说明在此期间的股票市场及其不稳定,极大地影响股票市场的发展。

为了能形象看出成交量和收盘价的关系,绘制股票 2019 年 1 月 1 日到 2020 年 1 月 1 日的日收盘价和日成交量的时间序列图,因为它们的数值差异很大,所以采用两套纵坐标系来作图(图 6-3)。左侧坐标是股票价格,右侧坐标是成交量。

```
data = sh.loc['2019 - 01 - 01':'2020 - 01 - 01']    #获取某个时间段内的时间序列数据
data[['close','volume']].plot(secondary_y = 'volume')
plt.title('2019 close and volume', fontsize = '9')
plt.show()
```

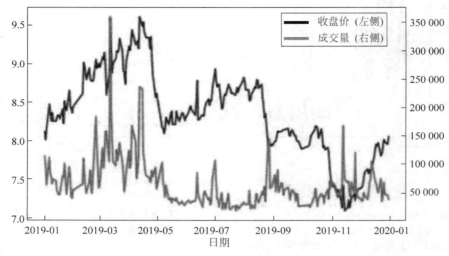

图 6-3　2019 年收盘价和成交量分析图

由图 6-3 可以看出,收盘价和成交量的波动有一定关系,价格波动大导致成交量波动剧烈。

6.2.2　日收益率分析

通过计算股票日收益率,看股票的波动情况,结果如图 6-4 所示。

```
sh["日收益率"] = sh["close"].pct_change()
sh["日收益率"].loc['2015 - 01 - 01':].plot(figsize = (12,4))
plt.xlabel('日期')
plt.ylabel('收益率')
plt.title('2015 - 2020 年日收益率')
plt.show()
```

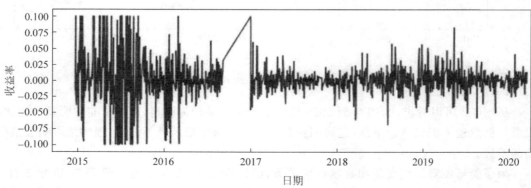

图 6-4　2015—2020 年日收益率

从图 6-4 可以看出，2015—2016 年股票日收益率波动较大，后期波动较小。

6.2.3 相关性分析

此处采用 Seaborn，Seaborn 是基于 Matplotlib 的图形可视化 Python 包。它提供了一种高度交互式界面，便于用户能够做出各种有吸引力的统计图表。Seaborn 是在 Matplotlib 的基础上进行了更高级的 API 封装，从而使得作图更加容易，在大多数情况下使用 Seaborn 能做出很具有吸引力的图，而使用 Matplotlib 就能制作具有更多特色的图。应该把 Seaborn 视为 Matplotlib 的补充，而不是替代物。同时它能高度兼容 NumPy 与 Pandas 数据结构以及 Scipy 与 Statsmodels 等统计模式。Seaborn 的 Jointplot 绘制双变量关系图，是散点图与直方图组合的联合直方图。这里分析上海电力和上证指数之间的相关性。

```
stocks = {'上海电力':'600021','上证指数':'sh'}
stock_index = pd.DataFrame()
for stock in stocks.values():
    stock_index[stock] = ts.get_k_data(stock,ktype = 'D',
    autype = 'qfq', start = '2015 - 01 - 01')['close']
stock_index.head()
#计算这些股票指数每日涨跌幅
tech_rets = stock_index.pct_change()[1:]
tech_rets.head()
#收益率描述性统计
tech_rets.describe()
sns.jointplot('600021','sh',data = tech_rets)
```

图 6-5 的两侧分别是上海电力和上证指数收益率的直方图，中间是上海电力和上证指数收益率的散点图，可以看出两者有一定的相关性。

统计学的相关系数经常使用的有三种：皮尔森（Pearson）相关系数、斯皮尔曼（Spearman）相关系数和肯德尔（Kendall）相关系数。皮尔森相关系数也称皮尔森积矩相关系数（Pearson product-moment correlation coefficient），是一种线性相关系数，是最常用的一种相关系数，用来反映两个变量 X 和 Y 的线性相关程度，值介于 $-1 \sim 1$，绝对值越大表明相关性越强。

如果有 X、Y 两个变量，最终计算出的相关系数的含义可以有如下理解：

(1) 当相关系数为 0 时，X 和 Y 两个变量无关系。

(2) 当 X 的值增大（减小），Y 值也增大（减小），两个变量为正相关，相关系数在 $0.00 \sim 1.00$。

(3) 当 X 的值增大（减小），Y 值也减小（增大），两个变量为负相关，相关系数在 $-1.00 \sim 0.00$。

相关系数的绝对值越大，相关性越强。相关系数越接近于 1 或 −1，相关度越强；相关系数越接近于 0，相关度越弱。

本节计算上海电力和上证指数的皮尔森系数，代码如下：

```
from scipy.stats import pearsonr
pccs = pearsonr(tech_rets['600021'], tech_rets['sh'])
print(pccs)
```

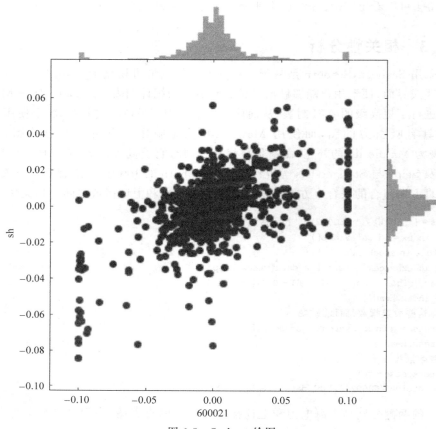

图 6-5　Seaborn 绘图

运行结果为：

(0.5383200657997674, 3.889277138440583e-95)

皮尔森系数为 0.54，证明两者有一定的相关性。

图 6-6 成对地比较不同数据集之间的相关性，对角线显示了该数据集的直方图，图中包括上海电力（600021）、涪陵电力（600023）、长江电力（600900）三只股票。

```
stocks = {'上海电力':'600021','浙能电力':'600023','长江电力':'600900'}
stock_index = pd.DataFrame()
for stock in stocks.values():
    stock_index[stock] = ts.get_k_data(stock,ktype = 'D',
autype = 'qfq', start = '2015 - 01 - 01')['close']
stock_index.head()
#计算这些股票指数每日涨跌幅
tech_rets = stock_index.pct_change()[1:]
tech_rets.head()
#收益率描述性统计
tech_rets.describe()
sns.pairplot(tech_rets.dropna())
```

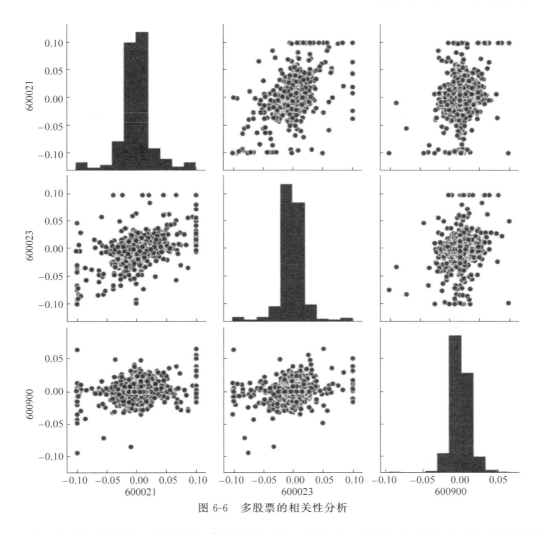

图 6-6 多股票的相关性分析

图 6-7 通过散点图、核密度图、直方图等展示上海电力、涪陵电力、长江电力三只股票的数据图。

```
returns_fig = sns.PairGrid(tech_rets.iloc[:,3:].dropna())    ###右上角画散点图
returns_fig.map_upper(plt.scatter,color = "purple")          ###左下角画核密度图
returns_fig.map_lower(sns.kdeplot,cmap = "cool_d")            ###对角线的直方图
returns_fig.map_diag(plt.hist,bins = 30)
```

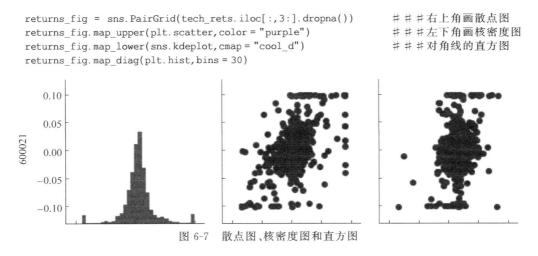

图 6-7 散点图、核密度图和直方图

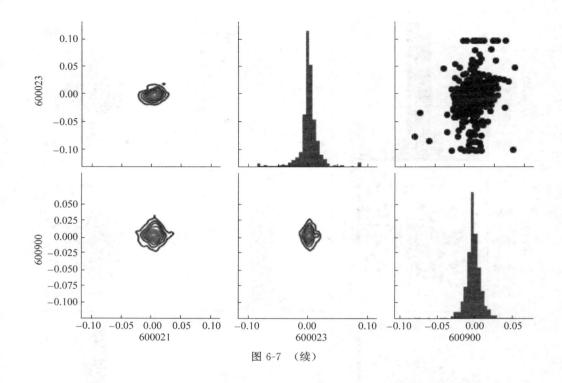

图 6-7 （续）

6.3 均线模型

移动平均线（moving average，MA）是用统计分析的方法，将一定时期内的证券价格（指数）加以平均，并把不同时间的平均值连接起来形成一根 MA，用以观察证券价格变动趋势的一种技术指标。

6.3.1 均线分析

使用股票数据中每日的收盘价，算出 5 日均价和 20 日均价，并将均价的折线图（也称移动平均线）与收盘价画在一起。

首先加载需要的包，并获取上海电力股票数据：

```
import pandas as pd
import numpy as np
import matplotlib.pyplot as plt                  # 正常显示画图时出现的中文
from pylab import mpl                            # 这里使用微软雅黑字体
mpl.rcParams['font.sans-serif'] = ['SimHei']     # 画图时显示负号
mpl.rcParams['axes.unicode_minus'] = False
import seaborn as sns                            # 画图用的
import tushare as ts
stock_data = ts.get_k_data(code='600021',ktype='D',autype='qfq', start='2015-01-01', end='2020-06-01')
```

```
stock_data.index = pd.to_datetime(stock_data.date)
stock_data['close_mean5'] = stock_data['close'].rolling(window = 5,center = False).mean()
                                                                      #计算 5 日均价
stock_data['close_mean20'] = stock_data['close'].rolling(window = 20,center = False).mean()
                                                                      #计算 20 日均价
stock_data.loc['2020 - 01 - 01':][["close_mean5","close_mean20"]].plot(figsize = (12,6))
plt.title('均线图')
plt.xlabel('日期')
plt.show()
```

运行得到均线图 6-8,可以看出上海电力 2020 年以来的走势。

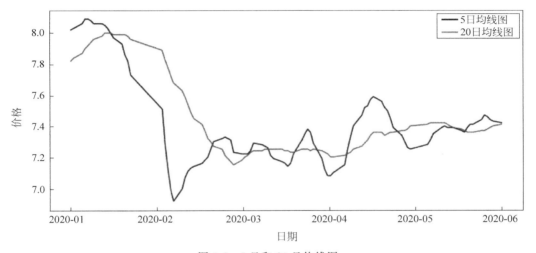

图 6-8　5 日和 20 日均线图

6.3.2　移动平均线策略

移动平均线具有抹平短期波动的作用,更能反映长期的走势。观察图 6-8,比较 5 日均线和 20 日均线,特别是关注它们的交叉点,这些是交易的时机。移动平均线策略,最简单的方式就是:当 5 日均线从下方超越 20 日均线时,买入股票;当 5 日均线从上方越到 20 日均线之下时,卖出股票。

为了找出交易的时机,计算 5 日均价和 20 日均价的差值,并取其正负号,作于图 6-9。当图中水平线出现跳跃的时候就是交易时机。

```
stock_data['close_m5 - 20'] = stock_data['close_mean5'] - stock_data['close_mean20']
stock_data['diff'] = np.sign(stock_data['close_m5 - 20'])
data = stock_data.loc['2020 - 0 - 01':'2020 - 06 - 01']     #获取某个时间段内的时间序列数据
data['diff'].plot(ylim = ( - 2,2)).axhline(y = 0,color = 'black',lw = 2)
plt.show()
```

为了更方便观察,上述计算得到的均价差值,再取其相邻日期的差值,得到信号指标。当信号为 1 时,表示买入股票;当信号为 -1 时,表示卖出股票;当信号为 0 时,不进行任何操作。

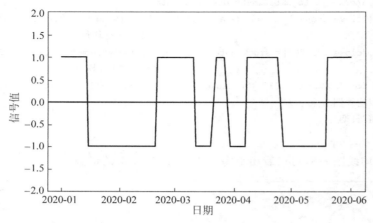

图 6-9 交易信号图

```
data['signal'] = np.sign(data['diff'] - data['diff'].shift(1))
data['signal'].plot(ylim=(-2,2))
plt.show()
```

运行结果如图 6-10。

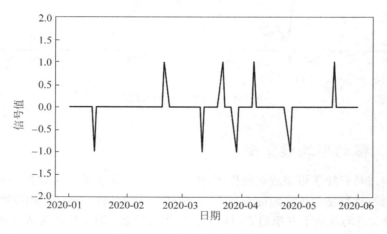

图 6-10 改进后的交易信号图

从图 6-10 中看出,一共有四轮买进和卖出的时机。看一下这四轮交易详情:

```
trade = pd.concat([ pd.DataFrame({"price": data.loc[data["signal"] == 1, "close"],
"operation": "Buy"}),
pd.DataFrame({"price": data.loc[data["signal"] == -1, "close"],"operation": "Sell"})])
trade.sort_index(inplace = True)
print(trade)
```

运行结果为表 6-4。

表 6-4 交易时间点

时间	成交价	操作
2020-01-16	7.90	卖出
2020-02-21	7.41	买进
2020-03-12	7.13	卖出
2020-03-23	7.60	买进
2020-03-30	7.10	卖出
2020-04-08	7.50	买进
2020-04-27	7.25	卖出
2020-05-20	7.53	买进

上述表格列出了交易日期、操作和当天的价格。但是发现这四轮交易的卖出价都小于买入价,实际上按上述方法交易是亏本了。在股票行情不佳的情况下,这个策略并不起作用。

如果考虑更长的时间跨度,比如 2 年、5 年,并考虑更长的均线,比如将 20 日均线和 50 日均线比较,虽然过程中也有亏损的时候,但赢的概率更大。

6.4 量化分析

6.4.1 收益率与风险模型

首先构建一个计算股票收益率和标准差(风险)的函数来计算上海电力、涪陵电力、长江电力、乐山电力、西昌电力的风险与收益,分析数据进行对比分析与预测。

```
#构建一个计算收益率和标准差的函数
def return_risk(stocks,startdate = '2005-01-01'):
    close = pd.DataFrame()
    for stock in stocks.values():
        close[stock] = ts.get_k_data(stock,ktype = 'D', autype = 'qfq', start = startdate)['close']
tech_rets = close.pct_change()[1:]
    rets = tech_rets.dropna()
ret_mean = rets.mean() * 100
ret_std = rets.std() * 100
    return ret_mean,ret_std
#画图函数
def plot_return_risk(stocks):
ret,vol = return_risk(stocks)
    color = np.array([ 0.18, 0.96, 0.3, 0.9,0.5])
plt.scatter(ret, vol, marker = 'o', c = color,s = 500,cmap = plt.get_cmap('Spectral'))
plt.xlabel("日收益率均值%")
plt.ylabel("标准差%")
    for label,x,y in zip(stocks.keys(),ret,vol):
plt.annotate(label,xy = (x,y),xytext = (20,20),textcoords = "offset points",ha = "right",
     va = "bottom",bbox = dict(boxstyle = 'round,pad = 0.5',fc = 'yellow', alpha = 0.5),
     arrowprops = dict(arrowstyle = "->",connectionstyle = "arc3,rad = 0"))
```

```
stocks = {'上海电力':'600021','涪陵电力':'600452','长江电力':'600900', '乐山电力':'600644','西昌电力':'600505'}
plot_return_risk(stocks)
```

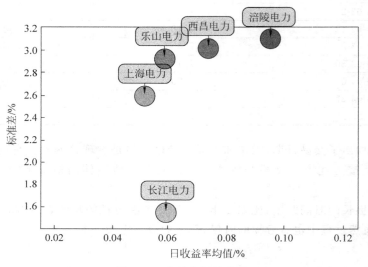

图 6-11 收益与风险模型

由图 6-11 可以看出,涪陵电力的风险最大,但收益也最大。风险最低的是长江电力,而且长江电力的收益相对不错,因此长江电力是一个比较稳定的选择。

6.4.2 蒙特卡罗模拟分析模型

接下来,通过蒙特卡罗模拟法来模拟计算股票的风险价值。

风险价值(VaR):在市场正常波动的条件下,在一定概率水平 $\alpha\%$ 下,某一金融资产或金融资产组合的 VaR 是在未来特定一段时间 Δt 内最大可能损失。

现在使用蒙特卡罗模拟法进行风险价值的估算。简单来说,蒙特卡罗模拟法即运用历史数据对未来进行多次模拟,以求得未来股价结果的概率分布。蒙特卡罗模拟法的公式如下:

$$\frac{\Delta S}{S} = \mu \Delta t + \sigma \varepsilon \sqrt{\Delta t}$$

式中,S 为股票的价格;μ 为期望收益率;Δt 为时间间隔;σ 为股票风险;ε 为随机变量。将 S 移项可得

$$\Delta S = S(\mu \Delta t + \sigma \varepsilon \sqrt{\Delta t})$$

可以看出,蒙特卡罗模拟法认为股票的价格波动可以分为两部分,第一部分为股票根据收益率的波动,第二部分为随机波动。通过历史数据求得股票的平均收益率与风险,便可以通过蒙特卡罗模拟法对股票未来走势进行模拟。

蒙特卡罗模拟每次输入都随机选择输入值,通过大量模拟,最终得出一个累计概率分布图。本节通过上海电力过去 10 年的数据来预测下一年的数据。

```
df = ts.get_k_data('600021',ktype = 'D', autype = 'qfq', start = '2011-01-01')
```

```
df.index = pd.to_datetime(df.date)
tech_rets = df.close.pct_change()[1:]       #计算收益率
rets = tech_rets.dropna()                   #删除缺失值
rets.head()
rets.quantile(0.05)
```

运行结果为:

-0.0331252366823658

上面的结果说明,对于95%的置信,一天内不会损失超过0.033。

构建蒙特卡罗模拟函数:

```
def monte_carlo(start_price,days,mu,sigma):
    dt = 1/days
    price = np.zeros(days)
    price[0] = start_price
    shock = np.zeros(days)
    drift = np.zeros(days)
    for x in range(1,days):
        shock[x] = np.random.normal(loc = mu * dt,scale = sigma * np.sqrt(dt))
        drift[x] = mu * dt
        price[x] = price[x-1] + (price[x-1] * (drift[x] + shock[x]))
    return price
runs = 10000                                #模拟次数
start_price = df['close'].tail(1)           #最近一日收盘价
days = 252
mu = rets.mean()
sigma = rets.std()
simulations = np.zeros(runs)
for run in range(runs):
    simulations[run] = monte_carlo(start_price,
days,mu,sigma)[days-1]
q = np.percentile(simulations,1)
plt.figure(figsize = (8,6))
plt.hist(simulations,bins = 50,color = 'grey')
plt.figtext(0.6,0.8,s = "初始价格: %.2f" % start_price)
plt.figtext(0.6,0.7,"预期价格均值: %.2f" % simulations.mean())
plt.figtext(0.15,0.6,"q(0.99: %.2f)" % q)
plt.axvline(x = q,linewidth = 6,color = "r")
plt.title("经过 %s 天后模拟价格分布图" % days,weight = "bold")
```

2020年6月19日的收盘价是7.36,由图6-12可以看出,经过10 000次模拟,在99%的置信水平下,上海电力252天后的价格不会低于6.93,其平均价格与其初始价格基本一致。

实际上蒙特卡罗模拟在期权定价里面还是很有用的。这里借用期权定价里对未来走势的假定来进行蒙特卡罗模拟。

```
import numpy as np
from time import time
np.random.seed(2018)
t0 = time()
```

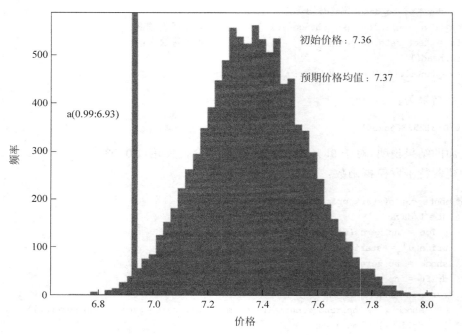

图 6-12　252 天后模拟价格分布图

```
S0 = df['close'].tail(1)                  #最近一日收盘价
T = 1.0;
r = 0.05;
sigma = rets.std()
M = 50;
dt = T/M;
I = 250000
S = np.zeros((M + 1, I))
S[0] = S0
for t in range(1, M + 1):
    z = np.random.standard_normal(I)
    S[t] = S[t - 1] * np.exp((r - 0.5 * sigma ** 2) * dt +
        sigma * np.sqrt(dt) * z)
s_m = np.sum(S[ - 1])/I
tnp1 = time() - t0
import matplotlib.pyplot as plt
plt.figure(figsize = (10,6))
plt.plot(S[:,:10])
plt.grid(True)
plt.title('蒙特卡罗模拟其中 10 条模拟路径图')
plt.xlabel('时间')
plt.ylabel('指数')
plt.show()
```

图 6-13 是上海电力蒙特卡罗模拟其中 10 条模拟路径图,可以看到,每一次模拟所得到的股价走势都是不同的,但是大部分集中在中间。

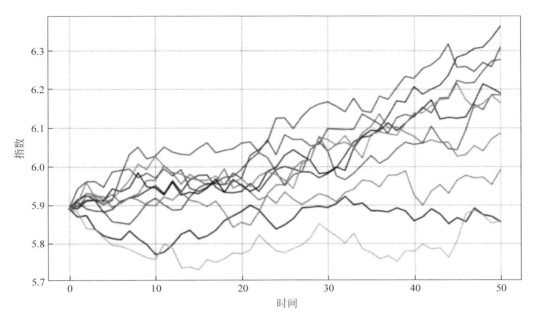

图 6-13　上海电力蒙特卡罗模拟其中 10 条模拟路径图

6.5　上机实验

1．实验目的

（1）学习运用 Python 进行股票数据获取。

（2）学习运用股票数据分析。

（3）学习运用股票量化分析。

2．实验内容

（1）选取电力行业的一只股票，使用 tushare 包获取该股票近 10 年的数据。

（2）对股票数据使用 pandas 的 describe() 函数进行分析。

（3）对股票进行 20、52、252 日均线分析和日收益率分析。

（4）对该股票与其他电力行业股票进行相关性分析。

（5）对该股票建立收益率与风险模型。

（6）对该股票建立蒙特卡罗模拟分析模型。

参 考 文 献

[1] 施泉生,张科伟,潘华.电力企业决策支持系统原理及应用[M].北京:中国电力出版社,2016.
[2] 崔树银,钱虹.发电企业信息化[M].北京:中国电力出版社,2016.
[3] 张世翔.电力企业信息化[M].北京:中国电力出版社,2016.
[4] 何飚.电力调度中心中信息化技术与虚拟化技术的应用探讨[J].黑龙江科技信息,2015(34):103-103.
[5] 北极星电力信息化网.电力信息化的基本现状和三大转变[EB/OL].http://xinxihua.bjx.com.cn/news/20130827/455834.shtml
[6] 葛少云,岳顺民,武琦,等.电力市场分析决策支持系统[J].电力信息化,2005,3(11):83-84.
[7] 苏海军.电力工业信息化的建设与发展[J].经济技术协作信息,2005,000(017):41.
[8] 李昉,罗汉武.电力企业信息化阶段性发展及研究[J].中国管理信息化,2008(18):69-72.
[9] 唐跃中,魏晓菁.国家电网有限公司信息化"SG186"工程实施战略研究[J].电力信息化,2007,005(010):18-22.
[10] 国家电网有限公司."SG186"工程建设总方案,2006.
[11] 马恺.发电企业信息一体化将成为主流[EB/OL].http://www.cpnn.com.cn/dlxxh/rdgz/200712/t20071228_157009.htm
[12] 李之奇.电力调度系统信息化的几个问题探讨[J].大科技,2012(22):108-109.
[13] 高明,袁玲,李文云,等.电力调度系统信息化的几个问题探讨[J].电力系统保护与控制,2011(7).
[14] 林峰,胡牧,蒋元晨.电力调度综合数据平台体系结构及相关技术[J].电力系统自动化,2010(9).
[15] 何飚.电力调度中心中信息化技术与虚拟化技术的应用探讨[J].黑龙江科技信息,2015(34):103.
[16] 张伟.SCADA/EMS/DMS可视化平台[D].杭州:浙江大学.2000.
[17] 章立宗.地调SCADA/EMS/DTS系统模式研究[D].杭州:浙江大学,2006.
[18] 杨勤勤.关于调度管理系统(OMS)建设的探讨[J].理科爱好者(教育教学版),2010(2):189,198.
[19] 王慧.电力调度系统信息化浅析[J].中国高新技术企业,2012(21):120-122.
[20] 黄康乾.电力交易系统的设计与实现[J].电子技术与软件工程,2019(3):30.
[21] 曾鸣.电力市场理论及应用[M].北京:中国电力出版社,2000.
[22] 胡永江.电力交易系统的设计与实现[D].西安:西安电子科技大学,2017.
[23] 曹国朗,许建华,吕剑,等.电能计量自动计费系统的开发与应用[J].电力需求侧管理,2002(01):44-46.
[24] 郭生练.水库调度综合自动化系统[M].武汉:武汉水利电力大学出版社,2000.
[25] 王聪生.发电企业信息化的基础——电厂标识系统[J].电力信息化,2006(6):37-41.
[26] 王聪生.资产管理系统在发电企业的应用[J].电力信息化,2004(11):20-22.
[27] 郭建,顾志强.电力企业信息安全现状分析及管理对策[J].信息技术,2013(1):180-183,187.
[28] 刘红英.发电企业信息化建设分析和展望[C].中国电力企业联合会科技开发服务中心.2009年全国电力企业信息化大会论文集.中国电力企业联合会科技开发服务中心:中国电力企业联合会科技开发服务中心,2009:313-318.
[29] 刘立明.电力企业信息化有关问题探讨[J].计算机产品与流通,2019(11):60.
[30] 鱼凤萍.管控一体化是发电企业信息化发展的必然趋势[J].中国能源,2017,39(1):44-47.
[31] 危元华,任晓东,李智,等.数字化电厂的概念及方案研究[J].电力建设,2013,34(4):51-54.
[32] 李冬辉.220kV变电站信息化监控系统的设计与实现[J].科技风,2014(23):99.

[33] 陈刚.变电站信息化与智能化[J].河南科技,2013(12): 124.
[34] 李新颜.变电站综合自动化监控系统的研究与实现[D].上海:上海交通大学,2009.
[35] 屠长安.基于Internet的变电站信息化技术研究[C].经济论坛(下),2011.
[36] 王超,王宇.基于信息化时代变电站构架研究[J].低碳世界,2013(17):82-83.
[37] 李群,郭锐,杨佩佩.生产理系统在变电运行中的应用[J].甘肃电力技术,2012(1):60-62.
[38] 程新刚.输变电站项目信息化管理[J].商业故事,2016(12):14-14.
[39] 李学勇.浅谈输配电生产管理系统的构建[J].中国科技投资,2012(33):90.
[40] 刘倩.基于GIS的包头供电局配电生产管理系统优化研究[D].西安:西安建筑科技大学,2017.
[41] 柳江林.输配电生产管理系统的构建[J].时代农机,2017,44(7):57-57,60.
[42] 王乐鹏,潘华,范忠骏,等.电网企业信息化原理及应用[M].北京:中国电力出版社,2016.
[43] 王乐鹏.电力企业信息化实务[M].北京:中国电力出版社,2016.
[44] 王乐鹏,潘华,冷亚军,等.电网企业信息化原理及应用[M].2版.北京:中国电力出版社.2015.
[45] 邢建旭.基于GIS配电网络管理系统的开发与应用[D].杭州:浙江大学,2010.
[46] 王敏."坚强智能电网——21世纪能源发展驱动力"2011智能电网国际论坛综述[J].华东电力,2011(12):30-33.
[47] 池洋.坚强智能电网:电力发展的方向[J].大众用电,2017,032(12):3-4.
[48] 李伟.浅析智能电网技术的现状与发展[J].科技创新与应用,2016(36):221-221.
[49] 尤海涛.智能电网技术的研究现状及发展趋势[J].黑龙江科学,2018,9(12):108-109.
[50] 施泉生.智能电网的需求响应机制与政策研究[M].上海:上海财经大学出版社,2012.
[51] 金国强,陈征洪.我国智能电网发展现状与趋势[J].质量与认证,2019(9):54-56.
[52] 赵小燕.中国新能源产业发展战略研究[D].上海:上海社会科学院,2012.
[53] 曾鸣,曾鸣:"三型两网"的战略内涵与实施路径[J].中国电业,2019,944(3):41.
[54] 鲁刚.中国能源互联网发展基本特征[J].中国电力,2018(8):17-23.
[55] 孙宏斌,郭庆来,潘昭光.能源互联网:理念、架构与前沿展望[J].电力系统自动化,2015,000(019):1-8.
[56] 邓建玲.能源互联网的概念及发展模式[J].电力自动化设备,2016,263(3):5-9.
[57] 罗军川.能源那些事(下)[M].重庆:重庆大学出版社,2017.
[58] 朱共山,徐拥军,曹军威,等.能源互联网技术与产业[M].上海:上海科学技术出版社,2017.
[59] 施泉生.电力物联网概论[M].北京:中国电力出版社,2019.
[60] 丁齐舰.国家电网:2021年我国将初步建成泛在电力物联网[J].电器工业,2019(11).
[61] 曾鸣,王雨晴,李明珠,等.泛在电力物联网体系架构及实施方案初探[J].智慧电力,2019,47(4):1-7+58.
[62] 胡畔,周鲲鹏,王作维,等.泛在电力物联网发展建议及关键技术展望[J].湖北电力,2019,43(1):1-9.
[63] 张龙超,张千斌,钟钦,等.泛在电力物联网实施策略分析[J].技术与市场,2019(11).
[64] 北极星智能电网在线.国家电网发布《泛在电力物联网科研、攻关和创新》[EB/OL].https://www.sohu.com/a/317426551_100208002.
[65] Bert, Ray. The third industrial revolution: how lateral power is transforming energy, the economy, and the world[J]. Civil Engineering, 2012.
[66] 国家发展改革委.关于推进"互联网＋"智慧能源发展的指导意见,2016.
[67] 国家能源局.电力发展"十三五"规划,2016.
[68] Office of Electric Transmission. Grid 2030: A national vision for electricity's second 100 years[J]. 2003.
[69] 国家电网.国家电网有限公司关于新时代改革"再出发"加快建设世界一流能源互联网企业的意见,2019.

[70] 国家电网.泛在电力物联网白皮书2019,2019.

[71] 潘华,项同德.数据仓库与数据挖掘原理、工具及应用[M].北京:中国电力出版社,2016.

[72] 张良均.Python数据分析与挖掘实战[M].北京:机械工业出版社,2019.

[73] (澳)罗伯特·莱顿(Robert Layton).Python数据挖掘入门与实践:第2版[M].杜春晓,译.北京:人民邮电出版社,2020.

[74] 方巍.Python数据挖掘与机器学习实战[M].北京:机械工业出版社,2019.

[75] 何海群.Python机器学习与量化投资[M].北京:电子工业出版社,2018.

[76] 王小川.Python与量化投资:从基础到实战[M].北京:电子工业出版社,2018.

[77] 李宁.Python爬虫技术[M].北京:清华大学出版社,2019.

[78] 刘伟善.Python人工智能[M].北京:清华大学出版社,2020.

[79] 王斌会,王术.Python数据挖掘方法及应用[M].北京:电子工业出版社,2019.

[80] 张良均.Python与数据挖掘[M].北京:机械工业出版社,2016.

[81] 曾剑平.Python爬虫大数据采集与挖掘[M].北京:清华大学出版社,2020.

[82] 董付国.Python数据分析、挖掘与可视化[M].北京:人民邮电出版社,2020.

[83] 王宇韬,房宇亮,肖金鑫.Python金融大数据挖掘与分析全流程详解[M].北京:机械工业出版社,2019.

[84] 黄恒秋.Python金融数据分析与挖掘实战[M].北京:人民邮电出版社,2019.

[85] 马伟明.Python金融数据分析[M].北京:机械工业出版社,2018.